Gabriele Nordt

Methodenkoffer zur Qualitätsentwicklung in Tageseinrichtungen für Schul- und Vorschulkinder

Gabriele Nordt

Methodenkoffer zur Qualitätsentwicklung in Tageseinrichtungen für Schul- und Vorschulkinder

Beltz Verlag · Weinheim und Basel

BELTZ

Ihre Wünsche, Kritiken und Fragen richten Sie bitte an:
Verlagsgruppe Beltz, Fachverlag Frühpädagogik
Werderstraße 10, 69469 Weinheim.

ISBN 3-407-56269-1

1. Auflage 2005

05 06 07 08 09 5 4 3 2 1

Planung/Konzept: Ulrike Bazlen, Weinheim
Lektorat: Katrin Sauer, Weinheim
Herstellung: Anja Kuhne, Weinheim
Satz: Markus Schmitz, Büro für typographische Dienstleistungen, Münster
Druck und Bindung: Druckhaus »Thomas Müntzer«, Bad Langensalza
Umschlaggestaltung: glas ag, Seeheim-Jugenheim
Titelfotografie: Corbis, Düsseldorf

Printed in Germany

Weitere Informationen finden Sie im Internet unter http://www.beltz.de

Inhalt

Vorwort

Wie kam es zur Entwicklung des Methodenkoffers?

Im Rahmen der »Nationalen Qualitätsinitiative im System der Tageseinrichtungen für Kinder« des Bundesministeriums für Familie, Senioren, Frauen und Jugend hat das Teilprojekt III »Qualität für Schulkinder in Tageseinrichtungen (QUAST)« Qualitätskriterien erarbeitet und diese feststellbar gemacht. Zunächst wurde ein Kriterienkatalog[1] entwickelt, mit dessen Hilfe erstmals die beste Qualität für Schulkinder in Einrichtungen bestimmt wurde. Darauf aufbauend bieten das interne und das externe Evaluationsverfahren Einrichtungen gezielt die Möglichkeit, ihre Qualität festzustellen und einen Qualitätsentwicklungsprozess einzuleiten.

Gerade die interne Evaluation (Selbstevaluation) ist ein längerfristiger Prozess, bei dem die Teams in den Einrichtungen häufig auf sich allein gestellt sind. Der vorliegende Methodenkoffer entstand aus der Idee, diesen Teams einige Methoden zur Verfügung zu stellen, mit denen ihnen die Qualitätsfeststellung und -entwicklung erleichtert wird.

Einen Prozess der Selbstevaluation zu gestalten, bedeutet, sich mit dem, was bisher erreicht wurde, und mit dem, was sein soll, auseinander zu setzen.

Selbstevaluation beinhaltet u.a. intensive Prozesse

- der Selbst- und Fremdeinschätzung,
- der Klärung und Abgrenzung von Aufgaben und Rollen,
- der gegenseitigen Rückmeldung,
- der Zielfindung und Umsetzung der Ziele.

Der Methodenkoffer nimmt diese Aspekte auf und bietet – abgestimmt auf die verschiedenen Beteiligten in der Arbeit mit Schul- und Vorschulkindern – Übungen mit genauen Anweisungen und Kopiervorlagen zum Selbstevaluationsprozess. Der Methodenkoffer soll Ihr Begleiter bei diesem Prozess sein. Ein Koffer – zumal solch ein handlicher – kann von Ihnen dahin getragen werden, wo Sie gerade stehen. Sie können sich mit ihm auf Ihren Weg der Qualitätsentwicklung machen. Sie können also nach Ihren Bedürfnissen auswählen, was Sie gerade brauchen oder bearbeiten möchten. Der Methodenkoffer bietet Werkzeuge, die Ihnen die Schritte der Selbstevaluation erleichtern können. Qualitätsentwicklung verlangt die Einbeziehung der unterschiedlichen Perspektiven. Deshalb entspricht die Strukturierung des Koffers den Perspektiven der am Prozess der Qualitätsentwicklung beteiligten Personen: Kindern, Eltern, Fachkräften, Leitung und Team. Statt in Teamsitzungen um Materialien zur Qualitätsentwicklung zu ringen und viele Stunden mit der Entwicklung z.B. von Beobachtungs- und Fragebögen zu verbringen, können Sie auf die methodischen Hilfen im Methodenkoffer zurückgreifen.

Die Anregungen zu den einzelnen Methoden wurden einer Vielzahl von Fachbüchern entnommen und/oder von den Mitgliedern einer Arbeitsgruppe zur Verfügung gestellt, die bei der Erarbeitung des Materials mitgewirkt hat.[2]

Nach wie vor sind Frauen in sozialpädagogischen Arbeitsfeldern deutlich in der Überzahl. Die Benutzung der weiblichen Form in diesem Buch trägt diesem Umstand Rechnung. Die leider nur wenigen männlichen Pädagogen sind dabei mitgemeint.

1 Strätz et al. (2003). Qualität für Schulkinder in Tageseinrichtungen. Weinheim. (Seit 2004 incl. Internem Qualitätsfeststellungsverfahren)

2 An dieser Stelle möchte ich mich für die Mitarbeit bei der Erstellung des Methodenkoffers bei den Mitgliedern der Arbeitsgruppe der sozialpädagogischen Fachkräfte, die QUAST drei Jahre lang begleitet hat und den Prozess der Entwicklung des Methodenkoffers mit besonderem Interesse unterstützt hat, bedanken. Weiterer Dank gilt Katrin Macha, die an der Gestaltung und der Überarbeitung des Koffers beteiligt war. Dr. Hans Haenisch danke ich für die Anregungen zur Gestaltung von Fragebögen.

Einleitung

Was bedeutet Selbstevaluation?

Evaluation bedeutet Bewertung. Sachverhalte oder Handlungen werden anhand von fachlich legitimierten Maßstäben einer Bewertung unterzogen.

Im Unterschied zu den externen Formen der Evaluation wird bei der Selbstevaluation die Untersuchung im internen Bereich, d. h. in der eigenen Einrichtung, durchgeführt. Es gibt niemanden von außen, der bewertet, sondern Sie selbst schauen auf Ihre Arbeit, und indem Sie dies tun, werden Sie zu »Forscherinnen in eigener Sache«. Prozesse der Selbstklärung und Selbsterforschung, an denen alle an der Erziehung der Kinder Beteiligten mitwirken, sind wichtige Bestandteile der Selbstevaluation. In diesem Prozess müssen die eigenen Vorstellungen von guter Arbeit mit Kindern und Familien offen gelegt, diskutiert und auf einen gemeinsamen Nenner gebracht werden.

Was will Selbstevaluation?

Selbstevaluation will helfen, Praxis zu verbessern, und tut dies ausgehend vom Alltag in Ihrer Einrichtung. Sie entwickeln Vorstellungen über den Prozess der Selbstevaluation und legen Ihre Ziele selbst fest und überprüfen ebenfalls deren Erreichung. In Abhängigkeit von der Situation und dem Kontext Ihrer Einrichtung und bezogen auf den Bereich, bei dem angesetzt werden soll, werden Fragen formuliert, z. B.: Was ist bisher gelungen und soll erhalten bleiben? Was soll verändert werden? Dabei kann die Arbeit als Ganzes oder in Teilbereichen erforscht werden. Alle Mitarbeiterinnen und die Leiterin sind dabei gleichberechtigt, denn alle sind Expertinnen für ihre Arbeit und kennen die Einrichtung, also das zu untersuchende Feld, sehr gut. Diese Orientierung an der aktiven und konzeptionell engagierten Mitwirkung der Fachkräfte zeichnet das Konzept der Selbstevaluation aus. Keine andere Evaluationsform nutzt die vorhandenen Ressourcen der Fachkräfte in dieser Weise und ist so nah am Geschehen in der Einrichtung wie die Selbstevaluation. Die besonderen Chancen der Selbstevaluation liegen in der Offenheit, was die Auswahl der Themen, die Zeitstruktur und die Auswahl der Methoden angeht. Dadurch wird es leichter, Motivation zu schaffen und mit den Schwierigkeiten, Konflikten und erhöhten Belastungen, die der Evaluationsprozess mit sich bringt, umzugehen.

Perspektiven der Selbstevaluation

Selbstevaluation wird aus verschiedenen Blickwinkeln vollzogen. Sie bezieht alle am pädagogischen Prozess beteiligten Personengruppen ein. Grundsätzlich können zwei Ebenen unterschieden werden:

- Institutionelle Ebene; hierzu gehören die Mitarbeiterinnen, das Team, die Leitung und der Träger.
- Ebene der Adressatinnen, d. h. der Kinder und Eltern.

Die Selbstevaluation nimmt also gleichermaßen Intention und Wirkung der pädagogischen Arbeit in den Blick. Diese zweifache Orientierung begründet sich darin, dass das Geschehen in der Einrichtung ebenso von Kindern und Eltern bestimmt wird wie von den dort tätigen Mitarbeiterinnen. Nur mit der Einbeziehung der Perspektive von Kindern und Eltern kann in Erfahrung gebracht werden, ob der Alltag in der Einrichtung den Wünschen, Bedürfnissen und Interessen von Eltern und Kindern entspricht (vgl. v. Spiegel 1998 b, S. 355). Daraus wiederum bestimmt sich das pädagogische Handeln, das darüber hinaus auch von weiteren Faktoren wie der Qualität der Beziehungen innerhalb des Teams, der Arbeit der Einrichtungsleitung und nicht zuletzt auch der Unterstützung durch den Träger beeinflusst wird. Der Methodenkoffer nimmt darauf Bezug, indem er alle Perspektiven berücksichtigt und Evaluation stets als mehrpersonale Interaktion und Kommunikation betrachtet.

Grundlegendes Prinzip: Entwicklungsorientierung

Der Methodenkoffer basiert auf der Annahme der Entwicklungsfähigkeit von einzelnen

Menschen und Menschen in Organisationen. Selbstevaluation bedarf einer ressourcenorientierten Grundhaltung. Nicht die Defizite stehen im Vordergrund, sondern die Fähigkeiten und Potentiale der Einzelnen und des Teams. Dazu gehören auch Respekt vor und Wertschätzung von individuellen Entscheidungen. Jedes Team wird die Entwicklungswege gehen, die ihm bezogen auf die Teammitglieder und den institutionellen Kontext entsprechen. Es wird davon ausgegangen, dass Teams, die sich auf den Prozess der Selbstevaluation einlassen, engagiert und motiviert sind und ihre eigene professionelle Entwicklung in den Dienst der Kinder und Familien stellen. Die Handlungsentwürfe und Zielvorstellungen der Beteiligten werden für die Entwicklungsorientierung als besonders bedeutsam betrachtet. Umgekehrt formuliert: Ohne eine gleichzeitige Auseinandersetzung mit der Frage »Wohin wollen wir uns entwickeln?«, also ohne Zielvorstellungen und den Wunsch, sie umzusetzen, kann der Entwicklungsprozess Einzelner wie des Systems nicht gelingen. Der Methodensammlung vorangestellt ist deshalb ein Kapitel, das sich der Entwicklung und Umsetzung von Zielen widmet. Hier finden Sie Rat und Unterstützung, um Ihre Zielvorstellungen zu klären und zu definieren, und eine Anleitung, wie Sie aus dem übergeordneten Leitziel konkrete Handlungsziele ableiten können.

Formen der Selbstevaluation

Die Selbstevaluation führen Sie sowohl individuell als auch im Team durch. Bei der individuellen Selbstevaluation evaluieren sich einzelne Mitarbeiterinnen – häufig mit der Unterstützung von Kolleginnen – selbst. Im Kapitel 4 »Perspektiven der Fachkraft zu den Kindern und zur eigenen Entwicklung«, finden sich Methoden, die geeignet sind, eine individuelle Selbstevaluation zu beginnen und durchzuführen. Die individuelle Selbstevaluation bedarf häufig des kollegialen Feedbacks. Möglichkeiten dazu finden sich im Kapitel 5.

Auch die Leitungskraft ist in die individuelle Selbstevaluation einbezogen. Mit unterschiedlichen Methoden (→ Kap. 6) hat die Leitungskraft die Chance, die eigenen Einstellungen, Haltungen und Aktivitäten zu überprüfen und Entwicklungsziele für sich herauszuarbeiten.

Bei einer Team-Selbstevaluation untersucht ein Team einschließlich der Leitung die Arbeit. Methodische Möglichkeiten zur Reflexion der Arbeit im Team finden sich im Kapitel 5. Mit den dort offerierten Methoden kann ein Team z. B. die Rollen im Team klären (→ Kap. 5.4), die Entwicklung in einzelnen Arbeitsbereichen feststellen (→ Kap. 5.8) oder eine Stärken-Schwächen-Analyse durchführen (→ Kap. 5.9).

Zum Gebrauch des Methodenkoffers

Welche Antworten gibt der Methodenkoffer?

Der Methodenkoffer gibt vorrangig Antworten auf »Wie-Fragen«:

- Wie können wir den Prozess der Selbstevaluation beginnen?
- Wie gestalten wir den Prozess?
- Wie erkennen wir wichtige Zielsetzungen?
- Wie setzen wir unsere Ziele um?
- Wie erkennen wir unsere Stärken und Schwächen?
- Wie können wir uns gegenseitig unterstützen?
- Wie können wir die Perspektiven der Mädchen und Jungen und Eltern einbeziehen?
- Wie kann unser Profil entfaltet werden?
- Wie können wir einen Ziel-Feedback-Kreislauf entwickeln?

Was soll mit dem Methodenkoffer erreicht werden?

- **Anregen**

Die Methoden wollen anregen, über das hinaus zu gehen, was bisher in der Einrichtung an Evaluation üblich war. Dazu gehören z. B. die Bereitschaft und Fähigkeit, Feedback zu geben und zu empfangen, und die Entwicklung einer stabilen Feedbackkultur ebenso wie die Betrachtung einer Situation aus unterschiedlichen Perspektiven, z. B. der der Kolleginnen, der Kinder sowie der Eltern (→ Kap. 2.3 und 4.3).

• **Motivieren**
Ein Teil der Methoden hat einen spielerischen Charakter. Sie wirken besonders motivierend und machen es leicht, sich darauf einzulassen und neue Erfahrungen zu machen. Besonders die Methoden, die im Kapitel 2 »Perspektiven der Kinder zur Tageseinrichtung und zum Umfeld« zu finden sind, wurden unter diesem Aspekt ausgewählt. Die Sichtweisen der Mädchen und Jungen einzufangen kann nur gelingen, wenn Zugangsweisen gefunden werden, die den Bedürfnissen von Kindern entsprechen. Wenn Kinder ihre Einrichtung und/oder ihr Umfeld fotografieren, Geschichten darüber schreiben, Zeichnungen aus ihrer Perspektive anfertigen, so können sie in kindgerechter Weise ihre Sichtweisen gestalten. Das Thema Motivation hat jedoch auch bei den Methoden zur Teamentwicklung einen hohen Stellenwert. Qualitätsentwicklung bedarf einer angenehmen Atmosphäre, in der alle sich eingeladen fühlen, ihre Meinungen, Erfahrungen und Einschätzungen zu formulieren. Vielfältige und leichtanwendbare Methoden laden dazu ein, sich selbst und andere mit neuen Facetten kennenzulernen (→ Kap. 5.4 und 5.5).

• **Stützen**
Der Prozess der internen Evaluation braucht einen langen Atem. Schließlich sind auf diesem Weg häufig viele Hindernisse zu überwinden. Der Methodenkoffer bietet Methoden an, die sich in besonderer Weise dazu eignen, Entwicklungsprozesse, die bereits begonnen haben, zu stärken (z. B. → Kap. 5.8). Es geht darum, Mut zu machen, den gemeinsamen Weg weiter zu gehen und Hindernisse zu überwinden. Dabei wird angeregt, Schwierigkeiten und Fehler als selbstverständlich zu akzeptieren und den Blick immer wieder auf das zu richten, was schon erreicht wurde (z. B. → Kap. 5.9). Basis für die eigene Weiterentwicklung ist die Bewusstheit über die eigenen Stärken.

• **Vertiefen**
Der Methodenkoffer will anregen, bestimmte Themen zu vertiefen. Stellen Sie beispielsweise fest, dass das Thema »Beobachtung von Kindern« in ihrer Einrichtung einen zunehmend höheren Stellenwert erhalten hat und beschließen, in diesem Bereich besondere Aktivitäten zu entwickeln, so können Sie hier geeignete Verfahren zur Beobachtung finden und auf die Bedürfnisse der Einrichtung hin verändern (→ Kap. 4.1). Vertiefen bedeutet in diesem Sinne auch, Schwerpunkte zu setzen und methodische Kompetenzen weiterzuentwickeln.

Wie sind die Methoden gestaltet?

Im Prozess der Selbstevaluation geht es nicht nur um Handlung, sondern auch um Wahrnehmung und Empfindung, um Erfassen, Vorstellen und Deuten des Praxisgeschehens. Entsprechend sensibel ist dieses Geschehen und verlangt einen vielseitigen Zugang über Kopf, Hand und Herz.

Mitarbeiterinnen eines Teams sind unterschiedlich und bringen entsprechend verschiedene Fragen, Deutungsmuster und Lösungsvorschläge ein. Daraus leiten sich für den Methodenkoffer folgende Gestaltungselemente ab:

- Die Methoden werden als Angebot konzipiert, aus dem nach den Bedürfnissen der Einzelnen/des Teams ausgewählt wird. Kolleginnen aus einer Einrichtung werden vielleicht zum gleichen Thema unterschiedliche Methoden wählen.
- Die Methoden sprechen verschiedene Erlebnis- und Handlungsebenen an (Wahrnehmungen, Gefühle, Wissen, Fähigkeiten).
- Sie bieten unterschiedliche methodische Zugänge, z. B. über Eigenwahrnehmung, Fremdwahrnehmung, verbale und nonverbale Ansprache und den Einsatz von Medien.
- Sie ermöglichen einen systematischen Zugang zur Problemlösung, indem Methoden angeboten werden, die aufzeigen, wie über eine gründliche Analyse Schritt für Schritt Lösungen entwickelt werden können.
- Es gibt Verweise auf weitere Methoden, die ein Thema ergänzen oder es aus einer anderen Perspektive aufgreifen.

Wie sind die Methoden aufgebaut?

Alle Methoden haben einen gleichen Aufbau. Dies geschieht aus der Überlegung, dass die gleiche Struktur die Nutzerfreundlichkeit erhöht. Außerdem lässt sich der Anspruch, die einzelnen Methoden möglichst praxisnah und gebrauchsfertig zu gestalten, auf diese Weise am ehesten verwirklichen. Gleichzeitig ist klar, dass eine konkret beschreibende Methode nicht für alle unterschiedlichen Praxissituationen passt. Angaben über den Zeitbedarf können z. B. nur in der Situation vor Ort genau bestimmt werden und sind deshalb nur als grobe Richtwerte zu verstehen. Jede Methode sollte an die Praxisbedingungen vor Ort angepasst werden.

Worum geht es?
Dieser Abschnitt gibt einen ersten Einblick in die Methode, indem beschrieben wird, worum es geht, woher die Methode kommt und in welchem Kontext sie eingesetzt werden kann.

Zielsetzungen
Es wird dargestellt, was mit der Methode erreicht werden kann.

Zeitrahmen und Material
Bei Methoden, bei denen dies sinnvoll erscheint, gibt es Schätzungen über den Zeitbedarf und eine Beschreibung des benötigten Materials.

Voraussetzungen
Manche Methoden lassen sich nur dann mit Erfolg einsetzen, wenn bestimmte Voraussetzungen im Team oder in der Einrichtung vorhanden sind. Diese Gelingensbedingungen werden – wo es notwendig ist – beschrieben.

Vorbereitung
Es gibt Methoden, die eine besondere Vorbereitung erfordern. In diesem Abschnitt werden Hinweise dazu beschrieben.

Durchführung
In diesem Abschnitt wird konkret beschrieben, in welchen Schritten die methodische Umsetzung erfolgen kann. Es werden Ablaufschritte vorgestellt und durch Beispiele erläutert.

Auswertung
Hier werden Hinweise zur Auswertung der Methode gegeben. Der Fokus der Betrachtung liegt dabei stets auf der Verbindung der Ergebnisse mit der pädagogischen Planung und der Evaluation.

Variationen
Für manche Methoden gibt es Variationen, die eine gute Ergänzung und/oder Erweiterung der Methode darstellen.

Literatur
Nach jeder Methode wird auf Literatur zur jeweiligen Methode verwiesen. Die Beschreibungen in der Fachliteratur – mit dem Schwerpunkt Fortbildung, Moderation und Qualitätsentwicklung – wurden auf die spezifischen Anforderungen der Praxis in Tageseinrichtungen hin variiert und mit Praxisbeispielen erläutert.

Wie können Sie den Methodenkoffer nutzen?

Schatztruhe
Sie wissen noch nicht genau, was Sie suchen und lassen sich vom Inhaltsverzeichnis führen. Sie stöbern im Methodenkoffer und benutzen ihn als Schatztruhe. Dabei fällt Ihnen dieses oder jenes auf, was Sie z. B. bei der nächsten Teamsitzung oder dem nächsten Treffen mit dem Elternrat gut einsetzen könnten.

Gezielte Suche
Sie suchen gezielt eine Methode zu einer bestimmten Fragestellung. In Ihrer Einrichtung ist z. B. die Frage, wie die Wünsche, Vorstellungen und Bedürfnisse der Kinder noch besser in Erfahrung gebracht werden können, ein wichtiges Thema. Deshalb suchen Sie im Kapitel 2 »Perspektiven der Kinder zur Tageseinrichtung und zum Umfeld« nach geeigneten Methoden.

1

Zielentwicklung und Evaluation

1.1 Sich mit Zielen vertraut machen

1.2 Unterschiedliche Zielebenen unterscheiden

1.3 Sich selbst verpflichten

1.4 Mit kleinen Schritten Erfolg haben

1.5 Zuerst nach dem Ziel fragen

1.6 Ziele entwickeln

1.7 Erfolge überprüfen

1.1 Sich mit Zielen vertraut machen

Abb. 1 Ein Ziel ist ein in der Zukunft liegender angestrebter Zustand

Welchen Nutzen hat es, sich Ziele zu setzen?

Ohne Ziel ist jeder Hafen der richtige (oder falsche)

Warum sollen Sie sich für Ihre Arbeit konkrete Ziele setzen? Haben Sie nicht schon so mehr als genug zu tun? Würde die Arbeit dadurch nicht nur unnötig formalisiert und wertvolle Zeit, die ansonsten den Kindern zugute kommt, in Planung gesteckt? In Ihrer Arbeit mit den Kindern bleibt Ihnen keine freie Minute und Sie arbeiten bereits jetzt mit einem äußerst knappen Zeitbudget. Zudem haben Sie ja Vorstellungen davon, was für Ihre Kinder gut ist. Sie arbeiten situationsorientiert und reagieren sensibel auf die Bedürfnisse und Fragen der Kinder, die für Sie im Mittelpunkt Ihrer Arbeit stehen. Sie haben in gewisser Weise recht. Eine Gruppe von Kindern mit ihren unterschiedlichen Interessen und Bedürfnissen gibt kontinuierlich Impulse. Es passiert immer etwas und die Arbeit gelangt auch immer zu Ergebnissen. Haben Sie auf die Formulierung von genauen Zielvorgaben verzichtet, dann ist es allerdings nicht möglich aus dem, was sich ereignet hat, also aus den Ergebnissen Ihrer Arbeit, in den einzelnen Arbeitsbereichen zu lernen und sie weiterzuentwickeln. Denn es wird schwer, die Wege, die Sie gegangen sind, zu beurteilen, wenn nicht klar war, wohin sie führen sollten.

Erst wenn möglichst konkrete Ziele entwickelt und davon ausgehend die passenden Haltungen und Methoden ausgewählt wurden, können Sie allein oder mit Kolleginnen eine systematische Überprüfung im Sinne einer Selbstevaluation der Arbeit beginnen.

Ziele zu formulieren bedeutet, sich Klarheit über das zu verschaffen, was erreicht werden soll und was nachher anders sein soll als zuvor. Fragen im Zusammenhang mit der Zielentwicklung laden dazu ein, sich in die Zukunft zu versetzen. Ziele zu entwickeln bedeutet, sich genau vorzustellen, was in der Zukunft erreicht werden soll.

Zielentwicklung setzt Wertentscheidungen voraus, z. B.:
- Sollen in allen Gruppen alle Angebote vorhanden sein oder gibt es bestimmte Funktionsgruppen?
- Sollen die Kindergeburtstage nach einem einheitlichen Schema erfolgen?
- Soll die Zeit für die Hausaufgabenbetreuung der Kinder begrenzt werden?

Verschiedene Fachkräfte werden solche Fragen recht unterschiedlich beantworten. Zum einen, weil die spezifischen Situationen in einzelnen Einrichtungen spezifische Antworten nahe legen, zum anderen aber auch, weil die einzelnen Fachkräfte unterschiedliche Auffassungen vertreten, beispielsweise die Anforderungen an die Erledigung der Hausaufgaben anders gewichten und beurteilen.

Die Aufgabe von Zielen besteht darin, Werte der einzelnen Mitarbeiterin, des Teams, der Organisation Kindertagesstätte in Handeln umzusetzen. Um Zielentscheidungen zu treffen, müssen folglich unterschiedliche Wertentscheidungen miteinander ausgehandelt werden. Darin liegt die Schwierigkeit vieler Zielfindungsprozesse. Es ist nicht leicht, mit den unterschiedlichen Werthaltungen, die sich in den Zieldiskussionen zeigen, umzugehen. Die Entscheidung für ein Ziel bedeutet immer, dass andere mögliche Ziele erst einmal zurückgestellt werden.

Werden Ziele nicht ausgesprochen bzw. ausgehandelt, dann füllt jede Mitarbeiterin diese Lücke mit ihren individuellen Zielen, meist in dem guten Glauben, dass die anderen dasselbe Ziel verfolgen. Eine verwirrende Situation für alle Beteiligten und besonders für die Kinder ist die Folge.

Ziele geben Orientierung

Wenn ein Team sich damit auseinandersetzt, welche Ziele es z. B. in der interkulturellen Erziehung erreichen will, dann schaffen sich alle Beteiligten in diesem Prozess ein gemeinsames Grundverständnis von interkultureller Erziehung. Sie gewinnen für ihre Arbeit Orientierung. Jedes einzelne Teammitglied erhält dadurch mehr Sicherheit für das Alltagshandeln. Außerdem ist es leichter, sich mit der eigenen Arbeit zu identifizieren, wenn die Ziele klar sind. Damit die Identifikation mit den Zielen gelingt, ist es wichtig, dass alle Beteiligten an der Erarbeitung von Zielen beteiligt sind.

Ziele wirken positiv auf die Ressourcen

Ziele bündeln die zur Verfügung stehenden Ressourcen und verhindern, dass ein sprunghaftes Hin- und Hergleiten aus den Situationen des Augenblicks erfolgt. Außerdem kann die Arbeit mit Zielen Kreativität freisetzen, denn die Lücke zwischen dem Ist-Zustand in der Gegenwart und dem erstrebten Zustand in der Zukunft schafft eine Spannung, die Energie zum Handeln freisetzt. Die Arbeit mit Schul- und Kindergartenkindern bedeutet, kontinuierlich vor Entscheidungssituationen gestellt zu werden. In solchen Situationen ist es hilfreich, sich ins Gedächtnis rufen zu können, worum es bei einer bestimmten Frage eigentlich geht. Erst wenn mir klar ist, wo ich hin will, kann ich angemessen agieren und reagieren und die weiteren Schritte planen.

Um Ziele entwickeln zu können, ist die Auseinandersetzung über die dahinterstehenden Werte und Haltungen (im Team und mit Eltern und Kindern) erforderlich.

Zielfindung lässt sich mit einer Wanderung vergleichen

Zunächst bestimmen Sie, an welchen Ort Sie zum Ende der Wanderung ankommen möchten. Dann überlegen Sie, auf welchen Wegen Sie dorthin gelangen können. Sie überlegen außerdem, wie lange Sie wohl (bezogen auf Ihre Kondition) für die Wanderung brauchen werden, was Sie an Proviant mitnehmen müssen, um gut anzukommen, und welche Ausstattung Sie benötigen.

Wer ist bei der Zielentwicklung gefordert?

Natürlich ist das gesamte Team und sind mit unterschiedlichen Anteilen auch Fachberatung, Träger sowie Eltern und Kinder in die Zielentwicklung einbezogen. Die Einrichtungsleitung trägt aber bei der Zielentwicklung besondere Verantwortung, da sie die Zielsetzung sowohl nach außen gegenüber den Eltern, dem Träger und der interessierten Öffentlichkeit vertreten muss als auch nach innen gegenüber den Mitarbeiterinnen sowie den Kindern. Sie hat darüber hinaus die Aufgabe, den Prozess der Zielfindung und Klärung im Team anzuregen und zu moderieren.

Literatur

Vgl. Beywl, W. & Schepp-Winter, E. (1999). Zielfindung und Zielklärung – ein Leitfaden. QS Materialien zur Qualitätssicherung in der Kinder- und Jugendhilfe, Heft 21, hg. v. Bundesministerium für Familie, Senioren, Frauen und Jugend. Bonn, S. 11–34

1.2 Unterschiedliche Zielebenen unterscheiden

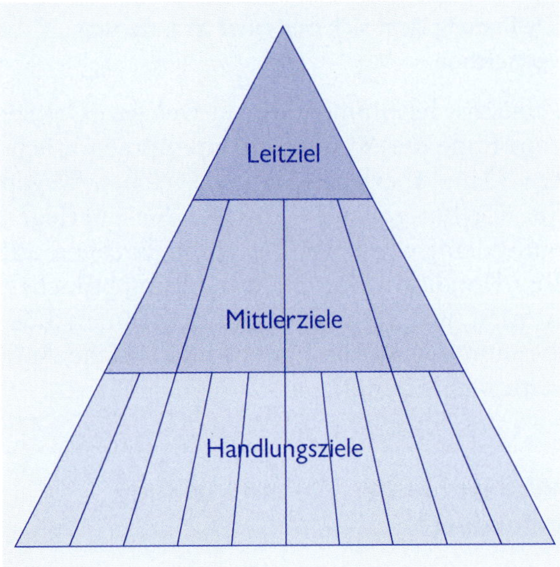

Abb. 2 Ein dreigegliedertes Zielsystem (Quelle: Beywl, W. & Schepp-Winter, E. 1999, S. 42)

Es können drei Zielebenen unterschieden werden:

- **Leitziele** geben die Grundausrichtung des Programms oder Projekts an.
- **Mittlerziele** sind vom Leitziel aus der nächste Schritt der Konkretisierung. Vom Handlungsziel aus betrachtet stellen sie die Vermittlung zum Leitziel sicher.
- **Handlungsziele** sind, wie der Name sagt, zur Bezeichnung konkreter handlungsbezogener Zielsetzungen gedacht.

Wofür stehen die unterschiedlichen Zielebenen?

Stellen Sie sich vor, Sie fahren von einer Stadt zu einer anderen. Eine Analogie für das Leitziel ist das Ankommen in der Stadt. Die Mittlerziele sind einzelne Etappen, die zu der Stadt führen: Ein Dorf auf dem Weg, eine Brücke, ein Stück Weg auf einer Autobahn. Handlungsziele benennen die Punkte, an denen Sie sich kleinräumig orientieren können: ein Straßenschild, ein Wegweiser, ein bestimmter Kilometerstein.

Wie soll dieses Zielschema verwendet werden?

Es soll eine Hilfe sein,

- die übergeordneten Ziele nicht aus dem Auge zu verlieren,
- Teilziele auf die übergeordneten Ziele zu beziehen und damit die Beziehung der Zielebenen untereinander herzustellen,
- zu verdeutlichen, dass es auf den einzelnen Zielebenen stets Wahlmöglichkeiten gibt.

Leitziele

Leitziele sind ein wichtiger Bestandteil eines Leitbildes, das wiederum das Selbstverständnis einer Organisation erläutert. Leitziele bestimmen den Zweck einer Organisation oder eines Angebotes nach innen und außen und bieten damit Orientierung.

Das Leitbild einer Organisation gibt an, woher die Organisation kommt (Tradition), wohin sie strebt (Vision) und welchen Handlungsprinzipien sie sich verpflichtet. Es beschreibt Werthaltungen, ethische Prinzipien sowie das Grundverständnis des Zusammenwirkens innerhalb der Organisation und mit Kooperationspartnern. Der Prozess der Leitbildentwicklung wird meist vom Träger initiiert und in einem längeren Prozess unter Beteiligung der Mitarbeiterinnen umgesetzt.

Leitziele einer Organisation zeichnen sich als Bestandteile des Leitbildes dadurch aus, dass sie erstrebte Zustände in der weiter entfernt liegenden Zukunft beschreiben. Sie verbinden das Leitbild einer Organisation mit deren Angeboten, Projekten, Maßnahmebündeln und Verfahrensweisen. Man vergleicht ihre Funktion oft mit der von »Klebstoff« zwischen den Teilen und verschiedenen Organisationseinheiten.

Mittlerziele

Mittlerziele stehen zwischen den Leitzielen und den Handlungszielen. Sie haben die Funktion, zwischen beiden Ebenen eine Vermittlung herzustellen. Während bei den Leitzielen die grundsätzliche Ausrichtung an zentralen Werten und ihr identitätsstiftender Charakter im Vordergrund stehen, weisen Mittlerziele stärker auf das hin, was in absehbarer Zeit, zum Beispiel bei einer bestimmten Gruppe von Kindern, durch eine bestimmte Aktivität oder ein Projekt bewirkt werden soll.

Auf der Ebene der Mittlerziele wird vom Leitziel aus der nächste Schritt der Konkretisierung beschrieben. Vom Handlungsziel aus betrachtet, macht ein Mittlerziel nachvollziehbar, dass das Handlungsziel einen Beitrag zur Erreichung des Leitziels leistet. Mit der mittleren Zielebene wird das Leitziel inhaltlich und zeitlich eingegrenzt, konkretisiert und meist in zwei oder mehr Teilziele zerlegt.

Was seine Konkretheit angeht, so enthält das Mittlerziel im Gegensatz zum Leitziel schon genauere Angaben bezüglich des zeitlichen Rahmens und der angestrebten Ergebnisse und Endzustände. Da Mittlerziele näher an das Handeln heranführen sollen, müssen sie eine Vorstellung davon wecken können, durch welche Handlungsschritte die erstrebte Wirkung ganz oder teilweise erreicht werden kann.

Handlungsziele

Mit der Entwicklung von Handlungszielen sind wir unmittelbar am Praxisgeschehen. Ein Handlungsziel gibt an, welcher konkret beschreibbare, veränderte oder stabilisierte Zustand innerhalb eines festgelegten Zeitraums erreicht sein soll. Handlungsziele beschreiben wünschbare Zustände für Personen, Gruppen oder Organisationen. Diese wünschbaren Zustände können sich z. B. beziehen auf:

- die Verbesserung der Unterstützung eines Kindes bei den Hausaufgaben im Fach Deutsch,
- die Intensivierung der Zusammenarbeit mit den Eltern der Migrantenkinder oder
- die Verbesserung der Kommunikation im Team bei den Teamsitzungen.

Es geht dabei immer um zukünftige Zustände, die durch bestimmte Angebote oder Aktivitäten erreicht werden sollen.

Oft wird in einem Handlungsziel nicht nur der erstrebte Zustand, sondern auch die Aktivität genannt, mit der dieses Ziel erreicht werden soll. Wichtig ist, dass der Zielzustand genau beschrieben wird und dass, wenn eine Aktivität benannt ist, diese sich präzise der Erreichung des Zielzustandes zuordnen lässt.

Handlungsziele sollten s.m.a.r.t. formuliert sein

- Das Ziel ist *spezifisch*. Damit ist gefordert, dass es auf konkret benannte Personengruppen, Räume, Rahmenbedingungen u. a. bezogen ist. Ein Handlungsziel bezieht sich auf einen kleinen Teilbereich, der aus einer komplexen Wirklichkeit ausgeschnitten wird. Durch die Zielformulierung soll dieser Bereich genau beschrieben und auch in seinen Konturen sichtbar sein. Dies verlangt eine klare Grenzziehung: Was genau ist gemeint? Und was fällt damit ganz offensichtlich aus dem Zielbereich heraus?

S	**spezifisch:** Ein konkretes Ziel ist angegeben.
M	**messbar:** Der Grad der Zielerreichung lässt sich beobachten oder indirekt messen.
A	**akzeptabel:** Ein Minimalkonsenes ist erreichbar, dass dieses Ziel (neben anderen) verfolgt werden soll.
R	**realistisch:** Das Ziel ist unter den gegebenen finanziellen, personellen, politischen Rahmenbedingungen erreichbar.
T	**terminiert:** Ein Zeitpunkt für die vorraussichtliche Zielerreichung ist angegeben.

Abb. 3 Handlungsziele sollten s.m.a.r.t. formuliert sein (Quelle: Heiner, M. (Hg.): Qualitätsentwicklung durch Evaluation, Freiburg 1996)

Ein Beispiel für die Konkretisierung eines Handlungsziels:
»Nach der Einführung der Ziele und Regeln für die Kinderkonferenz nimmt die Beteiligung der Kinder an der Gestaltung der Konferenz zu.« Unter »Beteiligung« kann man nun ganz Unterschiedliches verstehen. Dies muss jeweils konkret benannt werden:

– Die Kinder bringen mehr Vorschläge ein.
– Die Vorschläge werden jeweils eine Woche vor der nächsten Konferenz gesammelt, indem eine Liste ausgehängt wird, in die alle ihre Ideen und Wünsche eintragen können.
– Die Auswahl der Themen wird von den Kindern vorgenommen, die aus der Gruppe als Sprecher gewählt wurden.

Damit ein Handlungsziel konkret wird, muss also genau angegeben werden, was erreicht werden soll:

– Die Kinder sammeln die Themen, die besprochen werden sollen.

Damit dieses Ziel noch genauer bestimmbar wird, können Mengenangaben einbezogen werden:

– Mindestens 50 % der Themen werden von den Kindern eingebracht.

Solche Mengenangaben im Sinne von absoluten Zahlen, Prozentzahlen, Rangplätzen o. ä. eignen sich gut zur Verständigung über Erfolgsmaßstäbe innerhalb eines Teams.

- Das Ziel ist *messbar.* Damit ist gemeint, dass die Zielformulierung Brücken enthalten soll vom Gedanklichen hin zum Sichtbaren, zum Hörbaren, zum sinnlich Erfahrbaren. Dies erst macht es möglich, das Ziel zwischen zwei oder mehr Personen anschaulich zu kommunizieren und konkret festzustellen, ob alle, die über das Ziel sprechen, auch das Gleiche darunter verstehen.
- Das Ziel ist *akzeptabel.* Damit ist gemeint, dass das Handlungsziel in dieser Formulierung von den Kolleginnen, den Eltern, den Kindern, Kooperationspartnern und dem Träger akzeptiert wird. Diese Akzeptanz bezieht sich auf die grundsätzlichen Werte, die hinter dem Ziel stehen. Wenn in einer Einrichtung bereits ein Zielsystem mit den Ebenen der Leitziele, Mittlerziele und Handlungsziele aufgebaut ist und insbesondere Leitziele formuliert sind, dann schafft dies Transparenz und gibt Sicherheit bei der Formulierung der Handlungsziele. Wird hingegen der Veränderungsprozess der Praxis damit begonnen, dass Handlungsziele formuliert werden, ohne über die Leitziele und auch die Mittlerziele zu verfügen, dann kann dies leicht zu Unsicherheit über den Grad möglicher Akzeptanz führen.
- Das Ziel ist *realistisch.* Damit wird ausgedrückt, dass die Wahrscheinlichkeit, mit der das Ziel erreicht wird, hoch ist. Diejenigen, die miteinander an der Umsetzung des Ziels arbeiten, müssen den Eindruck haben »Ja, dieses Ziel können wir mit unseren Mitteln sicher erreichen.«
- Das Ziel ist *terminiert.* Damit ist gefordert, dass in der Zielformulierung ein Zeitpunkt oder Zeitrahmen angegeben wird, zu dem bzw. in dem das Ziel erreicht sein soll. Das Setzen eines Zeitpunktes klärt die Verbindlichkeit des Ziels und erzeugt erst das Merkmal der Selbstverpflichtung.

Handlungsziele bieten die Grundlage dafür zu messen, ob der gewünschte Zustand erreicht wurde.

Literatur

Beywl, W. & Schepp-Winter, E. (1999). Zielfindung und Zielklärung – ein Leitfaden. QS Materialien zur Qualitätssicherung in der Kinder- und Jugendhilfe, Heft 21, hg. v. Bundesministerium für Familie, Senioren, Frauen und Jugend. Bonn, S. 42–49

1.3 Sich selbst verpflichten

Sich ein Ziel setzen, heißt soviel wie: »Ich verpflichte mich, dieses Ziel zu verfolgen, und bemühe mich, es zu erreichen. Ich schließe also einen Vertrag mit mir.« Insofern setzt Zielformulierung voraus, dass Sie sich für ein Ziel und seine Erreichung entschieden haben. Es ist nicht möglich, konkrete Handlungsziele für jemanden zu entwickeln, denn das Streben nach der Umsetzung eines Zieles setzt Übereinstimmung und Engagement voraus. Sie können deshalb keine Ziele für Ihre Kollegin entwickeln und diese kann es nicht für Sie tun. Sie können nur für sich selbst Ziele setzen. Allerdings können Sie als Mitglieder eines Teams gemeinsam Ziele erarbeiten und diese verfolgen. Sie können sich voreinander und gegenseitig auf gemeinsame Ziele verpflichten. Sich selbst zu verpflichten ist ein wichtiger Bestandteil der Zielentwicklung und ein Merkmal, um Ziele von Wünschen, Absichten und Vorsätzen zu unterscheiden. Der Begriff der Verpflichtung macht zugleich deutlich, dass es wichtig ist, sich realistische Ziele zu setzen, was die Art und die Menge der Ziele angeht. Dabei gilt es, eine Balance zu finden zwischen dem motivierenden Charakter von Zielen und dem Druck, den sie machen können, wenn man sich zu viel vorgenommen hat.

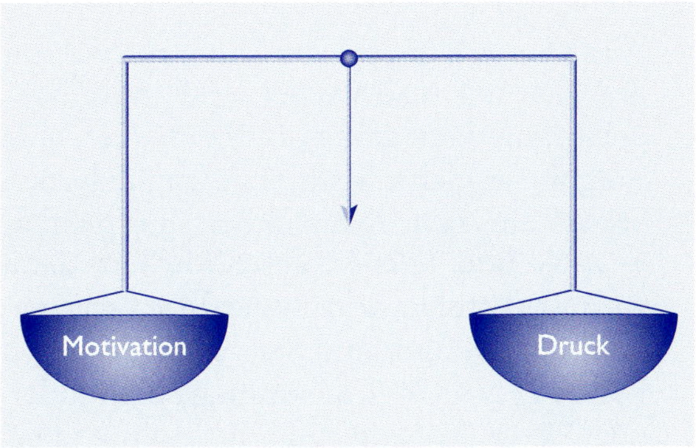

Abb. 4 Das Gleichgewicht zwischen Motivation und Druck

Literatur

Beywl, W. & Schepp-Winter, E. (1999). Zielfindung und Zielklärung – ein Leitfaden. QS Materialien zur Qualitätssicherung in der Kinder- und Jugendhilfe, Heft 21, hg. v. Bundesministerium für Familie, Senioren, Frauen und Jugend. Bonn, S. 15

1.4 Mit kleinen Schritten Erfolg haben

In manchen Einrichtungen gerät der Blick schnell auf alles, was nicht geht und besonders schwierig ist. Gründe für diese Problemorientierung können vielfältig sein. Die Aufgabenmenge hat vielleicht zugenommen und/oder die gegebenen Rahmenbedingungen werden als einschränkend erlebt. Negative Erfahrungen aus anderen Bereichen werden auf das aktuelle Aufgabenfeld übertragen. Ebenso können unterschwellige Konflikte einen großen Einfluß haben. Eine kontinuierliche Orientierung an allem, was schwierig ist, kann ein Team auf Dauer sehr belasten, die Arbeitsmotivation reduzieren und Gefühle von Ohnmacht und Hilflosigkeit hervorrufen.

Die gemeinsame Zielentwicklung kann hilfreich sein, um ein Team aus einer Problemorientierung zu befreien. Denn zielorientiert zu arbeiten bedeutet, den Blick immer wieder auf das zu lenken, was erreicht werden soll und was machbar ist. Dies geschieht, indem kleine, erreichbare Ziele formuliert und umgesetzt werden. Wenn deutlich wird, dass das Team oder Einzelne im Team mit kleinen Schritten vorangekommen sind, hat dies oft große positive Auswirkungen, die Mut machen, weitere und etwas größere Ziele zu verfolgen.

Kennen Sie dieses Gefühl aus Ihrer täglichen Arbeit, dass Sie vor einer Fülle von Aufgaben und Ansprüchen stehen und sich dadurch ganz erschlagen fühlen? Stellen Sie sich vor, wie Ihnen Zielsetzungen helfen können, den Überblick zu behalten und Prioritäten zu setzen.

- Wenn Sie sich intensiv und konzentriert mit der Klärung realistischer Ziele auseinandersetzen, dann gelingt es Ihnen eher, eine Aufgabe in kleine Schritte aufzugliedern.
- Wenn Sie sich realistische, überprüfbare Ziele und Teilziele gesetzt haben, dann können Erfolge und Teilerfolge wahrgenommen werden und Sie vermeiden, sich vor einer großen Ansammlung belastender, ungelöster Probleme zu sehen, ohne überblicken zu können, was Sie bereits geleistet haben.
- Wenn Sie länger über Ihre Ziele nachdenken, werden Sie sich wahrscheinlich von Anfang an nur das vornehmen, was für Sie erreichbar ist. Außerdem sind Sie gezwungen, sich Prioritäten zu setzen.

Zielorientierung heißt:
Lösungsorientierung statt Problemorientierung.

Literatur

Beywl, W. & Schepp-Winter, E. (1999). Zielfindung und Zielklärung – ein Leitfaden. QS Materialien zur Qualitätssicherung in der Kinder- und Jugendhilfe, Heft 21, hg. v. Bundesministerium für Familie, Senioren, Frauen und Jugend. Bonn, S. 38 f.

1.5 Zuerst nach dem Ziel fragen

Ein geflügeltes Wort lautet: »Der Weg ist das Ziel«. In der Alltagssprache ist es gebräuchlich zu fragen: »Wo soll es langgehen?«, wenn wir das Ziel meinen. Wir verbinden also die Bewegung auf ein Ziel hin mit dem Ziel selbst. Das bedeutet, dass wir den Weg bzw. den Prozess der Zielentwicklung ganz eng zusammen mit dem Ziel, dem gewünschten Ergebnis, dem Endzustand betrachten müssen. Vielleicht kommt das noch aus unserer Kindheit: Kinder experimentieren und beobachten, was dabei herauskommt, ohne sich zuvor überlegt zu haben, was denn passieren soll. In der Alltagspraxis fallen uns ebenfalls häufig zuerst die Aktivitäten ein, und wir neigen dazu anzunehmen, dass wir von selbst das richtige Ziel dazu finden werden.

Um mit den Instrumenten zur Selbstevaluation sinnvoll umzugehen, ist es indessen notwendig, diese alte (oft nützliche) Routine umzudrehen, nämlich erst das Ziel zu bestimmen und dann den Weg. Beim Entwickeln eines Ziels fragen wir zunächst, was wir mit einer Aktivität denn eigentlich auslösen wollen. Dieses Vorgehen verlangt auch, dass wir überprüfen, ob einzelne Handlungen geeignet sind, um mit ihnen ein bestimmtes Ziel zu erreichen.

Literatur

Beywl, W. & Schepp-Winter, E. (1999). Zielfindung und Zielklärung – ein Leitfaden. QS Materialien zur Qualitätssicherung in der Kinder- und Jugendhilfe, Heft 21, hg. v. Bundesministerium für Familie, Senioren, Frauen und Jugend. Bonn, S. 35

1.6 Ziele entwickeln

Ziele entwickeln vom Leitziel aus
(→ Kopiervorlage 1 im Anhang)

Formulieren Sie bitte am Beispiel eines Handlungsfelds aus Ihrer Praxis je ein Leit-, Mittler- und Handlungsziel. Beginnen Sie mit dem Leitziel und arbeiten Sie sich dann über ein Mittlerziel zum Handlungsziel vor.

Welche anderen Mittlerziele könnten zur Umsetzung des Leitziels beitragen? Welche anderen Handlungsziele könnten zur Umsetzung des Mittlerziels dienen?

Ziele entwickeln vom Handlungsziel aus (→ Kopiervorlage 2 im Anhang)

Formulieren Sie bitte am Beispiel eines Handlungsfelds aus Ihrer Praxis je ein Handlungs-, Mittler- und Leitziel. Beginnen Sie mit dem Handlungsziel und arbeiten Sie sich dann über ein Mittlerziel zum Leitziel vor.

Welche anderen Mittlerziele könnten zur Umsetzung des Leitziels beitragen? Welche anderen Handlungsziele könnten zur Umsetzung des Mittlerziels dienen?

Literatur

Beywl, W. & Schepp-Winter, E. (1999). Zielfindung und Zielklärung – ein Leitfaden. QS Materialien zur Qualitätssicherung in der Kinder- und Jugendhilfe, Heft 21, hg. v. Bundesministerium für Familie, Senioren, Frauen und Jugend. Bonn, S. 47–48

1.7 Erfolge überprüfen

Die Zielerreichung sollte überprüfbar sein (vgl. s.m.a.r.t. → Kap. 1.2). Wenn Sie also ein Ziel bestimmt haben, sollten Sie auch Indikatoren definieren. Mit Indikatoren sind die einzelnen Merkmale gemeint, die zeigen, dass ein Ziel erreicht worden ist. Diese Merkmale können leichter überprüft werden als das Ziel, sie machen es noch konkreter. Kombiniert mit der Überlegung, welche Aktivitäten, Interventionen oder Maßnahmen Sie anwenden wollen, haben Sie ein gutes Analyseschema (→ Kopiervorlage 3 im Anhang). Damit können Sie nach einem festgelegten Zeitraum feststellen, ob Sie Ihr gesetztes Ziel erreicht haben.

Literatur

Beywl, W. & Schepp-Winter, E. (1999). Zielfindung und Zielklärung – ein Leitfaden. QS Materialien zur Qualitätssicherung in der Kinder- und Jugendhilfe, Heft 21, hg. v. Bundesministerium für Familie, Senioren, Frauen und Jugend. Bonn, S. 14–15

2

Perspektive der Kinder zur Tageseinrichtung und zum Umfeld

Die im Folgenden beschriebenen Methoden richten sich am Prinzip aus, die Perspektive der Kinder in den Blick zu nehmen. Während in der Pädagogik lange Jahre die Fremddeutung durch Beobachtung im Vordergrund stand, hat nun der Blick auf die Selbstdeutung an Bedeutung gewonnen. Es wird unterstellt, dass auch Kinder in der Lage sind, ihre Sicht auf das Leben in der Einrichtung und ihre Erfahrungen symbolisch zu repräsentieren. Die Methoden greifen dies auf, indem die Kinder selbst tätig werden.

2.1 Kinder fotografieren ihre Einrichtung

Kinder fotografieren ihre Einrichtung, ihren Gruppenraum oder das Außengelände der Einrichtung. Die Sprache der Fotografie gibt dem Denken in ganzheitlichen Bildern, in Metaphern, auf einer intuitiven Ebene Raum, ohne dass die Elemente dieser Bilder in Einzelteile und/oder Ursache-Wirkungsketten aufgeteilt werden. Die Benutzung der Kamera schafft neue Ausdrucksmöglichkeiten außerhalb der Sprache. Mit den Bildern kann häufig mehr ausgedrückt werden, als manche Kinder sprachlich ausdrücken können.

Die Fotos halten das fest, was die Kinder durch die Linse orten. Sie geben damit Einblick in die Perspektive der Kinder auf die Einrichtung und das Umfeld. So sind die Bilder reichhaltiges Material und eine wichtige Quelle, aus der die Fachkraft mit den Kindern, aber auch mit Kolleginnen Informationen über die Sichtweise der Kinder, ihre Bedürfnisse und Interessen bekommen kann. Die Methode passt zu einem pädagogischen Konzept, das die Partizipation der Kinder wertschätzt und nach Wegen sucht, diese in angemessener Weise zu nutzen.

Zielsetzung

- Erzieherinnen und Kinder finden heraus, wo sich die Mädchen und Jungen unter den aktuellen Bedingungen der Einrichtung, des Außengeländes und/oder des Umfeldes wohlfühlen oder nicht wohlfühlen.
- Als Ergebnis der Auswertungsgespräche lernen die Erzieherinnen die Sichtweisen, Wünsche und Interessen der Kinder besser kennen.
- Die Entwicklung von Prozessen der Gestaltung und Umgestaltung der Gruppenräume und/oder des Außengeländes wird angestoßen.

Zeitbedarf und Material

Zeitbedarf

- Um in die Methode einzuführen, sie durchzuführen und auszuwerten, sind mehrere Tage erforderlich. Die Einführung erfordert etwa 30 Minuten im Gespräch mit den Kindern. Der Zeitbedarf der Durchführung bestimmt sich in Abhängigkeit von der Art der Fotoevaluation, den zeitlichen Ressourcen der Kinder, der Materialausstattung und der Anzahl der beteiligten Kinder. Die Durchführung kann deshalb an einem Tag geschehen oder sich über mehrere Wochen erstrecken.
- Für die Auswertung entsteht ein Zeitbedarf für die Gespräche zur Auswertung sowie die Weiterbearbeitung der Ergebnisse mit den Kindern, dem Team und anderen möglichen Beteiligten, z. B. den Eltern.
- Gegebenenfalls kann die Umsetzung der Ergebnisse sehr zeitaufwendig sein. Achten Sie vor dem Einsatz der Fotoevaluation deshalb auf Ihre Zeitressourcen.

Material

- Bei der Wahl der Kamera sollte die Bedienungsfreundlichkeit im Vordergrund stehen. Auch bei jüngeren Kindern ergibt sich bei einfachen Kameras (mit Autofokus) kaum ein Problem, zumal die meisten Mädchen und Jungen bereits Erfahrung im Umgang mit technischen Geräten haben.
- Da es sich häufig um Innenaufnahmen handelt, sollte ein Blitz integriert sein. Da das Entwickeln und Herstellen der Papier-

bilder heute sehr rasch erfolgen kann, ist eine Polaroid-Kamera in der Regel nicht erforderlich.

Vorbereitung

- Selbständig und gezielt Fotos zu machen, erfordert eine ausreichend entwickelte Kommunikations- und Konfliktkultur der beteiligten Kinder. Sie müssen Absprachen treffen und unterschiedliche Vorstellungen und Interessen miteiander aushandeln. Es kann sein, dass Sie zur Vorbereitung einen längeren Zeitraum benötigen und sich in kleinen Schritten an eine Fotoevaluation herantasten.
- Der Anlass kann aus einer konkreten Situation, etwa der Unzufriedenheit der Kinder mit den Räumen entstehen. Ebenso kann der Wunsch der Erzieherin, etwas über die Sichtweise der Kinder zu erfahren, den Anlass bilden.
- Kinder und pädagogische Fachkraft vereinbaren Ziele und Vorgehensweisen und bestimmen den äußeren Rahmen.

Durchführung

- Es können nacheinander, z. B. an mehreren Tagen, mehrere Gruppen mit dem gleichen Auftrag und Ziel unterwegs sein, so dass nach und nach alle Mädchen und Jungen einbezogen werden.
- Es werden Gruppen (von etwa vier bis sechs) Kindern gebildet; ein Kriterium der Gruppenbildung kann sein, Kinder mit gleichen Interessen und etwa gleichem Alter zusammenzufassen.
- Die Gruppe einigt sich auf Orte, die sie fotografieren will.
- Kriterien zur Auswahl der Orte, die fotografiert werden, sind z. B.:
  - An welchen Orten fühlst Du Dich in der Einrichtung wohl?
  - Welche Orte findest Du interessant?
  - An welchen Orten fühlst Du Dich in der Einrichtung nicht wohl?
  - Welche Orte findest Du uninteressant?
  - Welche findest Du unangenehm?
- Absprachen über den Zeitrahmen und die Verteilung der Rollen (wer fotografiert wann und wie oft?) werden getroffen.
- Wenn ein Foto gemacht wurde, werden Ort und Zeit, Motiv und der Name des Kindes, das das Foto gemacht hat, in eine Liste eingetragen.

Auswertung

- Sobald die Fotos entwickelt sind, beginnt die Auswertungsphase, die möglichst zeitnah erfolgen sollte.
- Eine Fotoevaluation kann je nach Thema und gewähltem Motiv starke Emotionen bei den beteiligten Kindern wecken. Deshalb ist es wichtig, in den auswertenden Gesprächen sensibel und behutsam nach den Wirkungen der Bilder zu fragen und Grenzen der Mitteilungsbereitschaft zu respektieren.
- Ein Klima der Akzeptanz ist eine wichtige Voraussetzung für intensive Gespräche über die Fotos, die Beweggründe und Gefühle der Kinder. Es ist Aufgabe der Erzieherin, dafür zu sorgen, dass ein angstfreier Raum entsteht, der offen ist, auch skurrile Perspektiven und Wünsche aufzunehmen. Kein Kind darf befürchten, wegen seiner Sichtweisen ausgegrenzt zu werden.
- Gemeinsam (Kinder und Erzieherin) geht es nun um die Kommentierung und Weiterbearbeitung des Materials.
- Eine Möglichkeit der Dokumentation von Ergebnissen ist die Gestaltung von Plakaten durch jede Gruppe. Es sollten mindestens zwei Plakate pro Evaluation entstehen: eines mit den Fotos der Orte, an denen sich die Mädchen und Jungen wohl fühlen, ein anderes mit den Fotos jener Orte, an denen sie sich nicht wohl fühlen.
- Wichtig ist, dass Erzieherin und Kinder die Ergebnisse der Auswertungsgespräche dokumentieren, z. B. auf einem Plakat oder in einem Fotobuch, in das alle Beteiligten ihre Eindrücke, Erlebnisse und Planungen aufschreiben können.
- Die Ergebnisse sollten auf jeden Fall für weitere Aktivitäten genutzt werden. Denkbar sind dabei folgende weitere Arbeitsschritte:

- Präsentation der Plakate mit Fotos und Kommentaren der Kinder vor allen Kindern der Einrichtung
- Präsentation der Ergebnisse vor den Eltern, um die Unterstützung für Veränderungen zu erreichen
- Präsentation vor dem Träger, um eine finanzielle Unterstützung zu erhalten
- Präsentation vor der Presse, wenn es zum Beispiel um mangelnde akzeptable Spielräume im Wohnumfeld geht

Literatur

Fuhs, B. (2000). Qualitative Interviews mit Kindern. In: Heinzel, F. (Hg.). Methoden der Kindheitsforschung. Ein Überblick über Forschungszugänge zur kindlichen Perspektive. Weinheim/München. S. 94 ff.

Jugendamt Aue-Schwarzenberg (2000). »Mit Kindern Hort machen« – Erzieherinnen schreiben ihr Hort-Werkbuch (Modellprojekt des Sächsischen Landesjugendamtes) Aue-Schwarzenberg.

Schratz, M. & Iby, M. & Radnitzky, E. (2000). Qualitätsentwicklung. Verfahren, Methoden, Instrumente. Weinheim/Basel. S. 145–152

2.2 Kinder zeichnen die Räume der Einrichtung

Die Erzieherin fordert die Kinder auf, ihren Gruppenraum oder ihre Einrichtung zu zeichnen. Anhand der Zeichnungen und durch Gespräche über die Zeichnungen zeigt sich, wie die Kinder die aktuelle Raumsituation einschätzen und welche Wünsche und Bedürfnisse zur Raumgestaltung und -nutzung sie haben.

In der Praxis ist die Erfassung der Raumsituation mit Hilfe von thematischen Zeichnungen noch relativ ungewöhnlich, während rein auf Sprache ausgerichtete Methoden, wie die wöchentlichen Reflexionsrunden, zunehmend selbstverständlich geworden sind. Diese Form der Auseinandersetzung mit den Räumen kommt den Bedürfnissen und den Fähigkeiten der Kinder entgegen. Sie zeichnen gern und zeigen in der zeichnerischen Umsetzung eines Themas häufig große Kreativität und Originalität. Über den Einsatz von Zeichnungen eröffnen sich für die Pädagoginnen Einblicke in die Perspektive der Mädchen und Jungen, die über den rein sprachlichen Zugang nur begrenzt erschlossen werden können. Die Vorteile des Arbeitens mit Zeichnungen liegen auch darin, dass die Raumskizzen, die ja das subjektive Erleben des Raums ausdrücken, für alle sichtbar werden. Sie sind dadurch einer intensiveren – und bei Bedarf auch mehrfachen Betrachtung – zugänglich.

Diese Methode einzusetzen ist dann sinnvoll, wenn eine intensivere Auseinandersetzung mit der Raumsitustion und/oder der Raumnutzung notwendig wird und nach Veränderungsmöglichkeiten gesucht wird. Die thematische Zeichnung ist eine Methode, die die Ergebnisse der Beobachtung durch die Erzieherinnen durch Ergebnisse aus der Perspektive der Kinder ergänzt. Dadurch können Fehleinschätzungen vermieden und bisherige Erkenntnisse differenziert werden.

Zielsetzungen

- Durch die thematische Zeichnung und die Gespräche mit den Kindern werden die Sichtweisen, Haltungen und Gefühle der Mädchen und Jungen im Hinblick auf die Räume und deren Gestaltung genauer erfasst.
- Die Ergebnisse werden aufgearbeitet und dokumentiert.
- Auf der Basis der Erkenntnisse nehmen Prozesse der Veränderung in unterschiedlichen Bereichen ihren Ausgangspunkt, z. B.:
  - Veränderung bei der Raumnutzung,
  - Schaffung von Raumbereichen für einzelne Gruppen von Kindern,
  - Veränderungen bei der Gestaltung der Möblierung,
  - Umbauten von Raumbereichen.

Zeitbedarf und Material

Zeitbedarf

- Für die Einführung in das gesamte Vorhaben und die Erläuterung der einzelnen Arbeitsschritte können ca. 10 Minuten veranschlagt werden.
- Für die Zeichnungen kann den Kindern eine großzügig bemessene Zeitspanne eingeräumt werden, so dass unterschiedliche Zeitbedürfnisse berücksichtigt werden.
- Die Dauer des Auswertungsgesprächs bestimmt sich in Abhängigkeit von der Anzahl der Fragen, dem Gesprächsstil der Erzieherin und der Redefreudigkeit der Kinder. Ein grober Richtwert kann bei 15 bis 20 Minuten pro Auswertungsgespräch liegen.
- Für die Gespräche zur Vorstellung erster Ergebnisse mit einer Gruppe von Kindern wird ca. eine Stunde benötigt.
- Der Zeitbedarf für die Auswertung der Tonband- oder Gesprächsaufzeichnungen bestimmt sich aus der Dauer des Gesprächs, der Art der Antworten und dem Anspruch an die Dokumentation.
- Für die Diskussion der Ergebnisse im Team wird zu unterschiedlichen Phasen immer wieder Zeit benötigt.
- Einzuplanen ist darüber hinaus Zeit für die Präsentation der Ergebnisse in der Öffentlichkeit und für die Umsetzung von Veränderungen.

Material

- Zeichenblöcke DIN A3
- Bleistifte, Buntstifte, Filzstifte, Radiergummi
- Mappe zum Aufbewahren der Zeichnungen
- Tonbandgerät und Kassetten

Vorbereitung

- Es gibt unterschiedliche Anlässe für den Einsatz der Methode, z.B. ständige Konflikte in einem Raumbereich oder die Klage von Mädchen, dass sie von den Jungen häufig gestört werden.
  Die Methode kann darüber hinaus eingesetzt werden um zu überprüfen,
  - wie neue Kinder mit dem Raum (dem Gruppenraum, dem Raum in der gesamten Einrichtung, dem Außengelände) umgehen und welchen Platz sie für sich im Raum gefunden haben,
  - wie Jungen die Räume erleben und wo sie sich Veränderungen wünschen,
  - wie Mädchen die Räume erleben und was sie sich für Veränderungen wünschen,
  - wie die jüngeren Kinder die Räume nutzen und erleben,
  - wie die älteren Kinder die Räume nutzen und erleben,
  - welche Räume häufig genutzt werden und welche weniger häufig.
- Erarbeiten Sie eine genaue Zielvorstellung für den Einsatz der Methode und erstellen Sie eine Ablaufplanung, die die einzelnen Schritte beschreibt und z.B. festhält, wer von wem unterstützt an den Zeichnungen und ihrer Auswertung arbeitet.
- Zu den Vorbereitungen zählen darüber hinaus Überlegungen über die Auswahl der Kinder. Bei bestimmten Fragestellungen empfiehlt es sich, die Kinder nach bestimmten Gruppen zusammenzufassen, z.B. die jüngeren und die älteren Kinder, die Mädchen und dieJungen.
- Um andere interessierte Kinder nicht auszugrenzen, kann es sinnvoll sein, allen interessierten Kindern anzubieten, den Gruppenraum (die Einrichtung) zu zeichnen, die auswertenden Gespräche aber nur mit bestimmten Kindern zu führen.
- Erarbeiten Sie einen Gesprächsleitfaden und stimmen Sie ihn im Team ab.
- Die Kinder werden in das Vorhaben eingeführt. Erzählen Sie von den Überlegungen, die zugrunde liegen und decken Sie die Fragestellung auf, über die Sie mit Hilfe der Zeichnungen und der Gespräche etwas erfahren wollen.

Durchführung

Erste Phase: Die Räume aus der Vogelperspektive zeichnen

- Begonnen wird mit dem Anfertigen einer Zeichnung aus der Vogelperspektive. Damit die Kinder sich genau vorstellen können, wie eine Draufsicht des Raums aussieht, regt die Erzieherin die Vorstellung der Kinder mit dem Satz an: »Habt ihr schon einmal Zeichnungen von Räumen gesehen, die so ähnlich sind wie Landkarten?« Sie zeigt den Kindern eine solche Zeichnung und erarbeitet mit ihnen die besonderen Merkmale: Man schaut von oben und tut so, als ob man alles, was es dort gibt, auf einmal sehen kann.

- Anschließend werden alle Kinder gebeten, den Gruppenraum, die Einrichtung oder das Außengelände in dieser Weise zu malen.
- Nach Fertigstellung der Zeichnung werden die Kinder in einem zweiten Durchlauf gebeten, sich selbst an ihrem bevorzugten Aufenthaltsort im Gruppenraum, der Einrichtung oder dem Außengelände in das Bild zu malen.

Zweite Phase: Über die Zeichnungen reden

- In der zweiten Phase geht es um die Auswertung der Bilder durch ein Gespräch.
- Die Kinder werden nacheinander oder höchstens jedoch zu zweit befragt, um differenziert auf die einzelnen Kinder eingehen zu können und Langeweile der anderen Kinder – in der Rolle der Zuhörenden – zu vermeiden.
- Da die Erzieherin das Gespräch in der Regel alleine führen wird, bietet es sich an, ein Tonband mitlaufen zu lassen und die wichtigsten Aussagen der Kinder später aufzuschreiben. Eine Alternative besteht darin, während des Gesprächs mitzuschreiben. Dies setzt jedoch voraus, dass zwei Erwachsene beteiligt sind.
- Die Zeichnungen des Kindes werden so ausgelegt, dass Erzieherin und Kind gut auf die Zeichnung schauen können.
- Zur Unterstützung des Gesprächs können kleine Holzfiguren (z. B. Spielfiguren aus dem Mensch-ärgere-dich-nicht-Spiel) eingesetzt werden. Die Kinder können damit einen Weg in der Einrichtung verdeutlichen, zeigen, wo viel los ist, mit wieviel Kindern sie an einem bestimmten Ort zusammenspielen oder wo es viele Konflikte gibt.
- Die im Folgenden aufgeführten Leitfragen bieten ein Spektrum möglicher Fragen. In Abhängigkeit von der Situation vor Ort werden sie verändert und/oder erweitert.
- Die Reihenfolge der Fragen ergibt sich in der Gesprächssituation aus den Antworten der Kinder.

Beispiele für Leitfragen

- Erzähl mir etwas über Dein Bild! Was hast du gezeichnet? (Nachfragen, bis alle Bereiche der Zeichnung erläutert wurden)
- Wo bist Du selbst auf dem Bild? Was machst Du da gerade?
- Wenn Du in den Gruppenraum (die Einrichtung) hereinkommst, was machst Du dann als Erstes? Und wie geht's dann weiter?
- Wo hältst Du Dich im Gruppenraum (in anderen Räumen; in der Einrichtung) häufig auf?
- Was machst Du am liebsten im Gruppenraum (Nebenraum; in der Einrichtung)?
- Versteckst Du Dich manchmal? Wo kannst Du Dich gut verstecken?
- Wenn Du mal müde bist oder alleinsein möchtest, wohin gehst Du dann?
- Gibt es für dich einen Ort, an dem Du besonders gerne bist? (den Ort zeigen und beschreiben lassen)
- Gibt es einen Ort, wo Du nicht gerne hingehst? Was ist es, was Dich stört?
- Gibt es Raumbereiche (Räume), in denen Du Dich nie aufhältst?
- Wo im Gruppenraum (in der Einrichtung) gibt es öfter Streit? Worum geht es da?
- Was würdest Du hier im Gruppenraum (in der Einrichtung) gerne verändern?

Auswertung

- Die Tonbandaufzeichnungen werden abgehört und die wichtigsten Ergebnisse zu den einzelnen Fragen notiert. Nach und nach geschieht dies mit allen Tonbandaufzeichnungen.
- Es wird ein Dokument angelegt, das alle Fragen enthält. Die Antworten aus allen Interviews werden den jeweiligen Fragen zugeordnet, z. B. alle Aussagen zu der Frage »Wo ist Dein liebster Ort in der Einrichtung?« werden untereinander geschrieben. Dadurch entsteht eine Zusammenschau aller Antworten zu einer Frage.

- Es wird bei jeder Aussage mit einem Kürzel vermerkt, ob ein Mädchen oder ein Junge die Aussage gemacht hat und wie alt das Kind ist. Dadurch lassen sich die Aussagen bezogen auf einzelne Untergruppen jeweils getrennt zusammenstellen und auswerten.
- Die Ergebnisse werden den Kindern vorgestellt, dazu müssen Formen der Visualisierung entwickelt werden. Für jüngere Kinder ist anderes sinnvoll als für ältere Kinder und Erwachsene.
- Werden die Zeichnungen der Kinder mit der Digitalkamera fotografiert und im PC gespeichert, dann können die Zeichnungen mit Informationen versehen werden. Es ist sinnvoll, das Alter der Kinder und das Geschlecht zu vermerken. Es kann eine Dokumentation zusammengestellt werden, die die Fotos und die Aussagen der Kinder enthält.
- Im Verlauf des Auswertungsprozesses können die Zeichnungen immer wieder hinzugezogen oder weiterbearbeitet werden. So können die Kinder z. B. nach der Umgestaltungsphase eines Raums um eine aktuelle Raumzeichnung gebeten werden. In einem weiteren Schritt werden die beiden Zeichnungen dann miteinander verglichen.
- Aus der Dokumentation kann eine Ausstellung entwickelt werden, zum Beispiel zum Thema »Wie sehen die Kinder die Einrichtung?«.
- Die Arbeit mit den thematischen Zeichnungen bietet gutes Ausgangsmaterial für Projekte zur Raumgestaltung.

Literatur

Fuhs, B. (2000). Qualitative Interviews mit Kindern. In: Heinzel, F. (Hg.). Methoden der Kindheitsforschung. Ein Überblick über Forschungszugänge zur kindlichen Perspektive. Weinheim/München. S. 94 ff.

Lutz, M. & Behnken, I. & Zinnecker, J. (1997). Narrative Landkarten. In: B. Friebertshäuser & A. Prengel (Hg.). Handbuch Qualitative Forschungsmethoden in der Erziehungswissenschaft. Weinheim. S. 414–435

Projektgruppe Wanja (2000). Handbuch zum Wirksamkeitsdialog in der Offenen Kinder- und Jugendarbeit. Münster.

Kuhn, P. (2003, Januar). Thematische Zeichnung und fokussiertes, episodisches Interview am Bild – Ein qualitatives Verfahren zur Annäherung an die Kindersicht auf Bewegung, Spiel und Sport in der Schule [50 Absätze]. *Forum Qualitative Sozialforschung / Forum: Qualitative Social Research [On-line Journal]*, 4. (1). Verfügbar über: http://www.qualitative-research.net/fqs-texte/1-03kuhn-d.htm [Zugriff: 12.07.04]. [Absatz 8, 11, 12, 13]

2.3 Kinder analysieren ihr Lebensumfeld

Die Kinder erhalten einen fotokopierten Ausschnitt des Stadtplans. Mit bestimmten Symbolen markieren sie ihr Elternhaus, die Kita, die Schule und andere bedeutsame Lebensorte sowie die Wege dorthin. Sie berichten darüber, welche Wege und Orte für sie wichtig sind, wo sie oft spielen und wo sie am Nachmittag Angebote wahrnehmen. In der Auswertung geht es darum, Informationen über das Leben der Kinder außerhalb der Einrichtung zu sammeln. Es wird deutlich, wie die Wohnsituation der Kinder ist, welche Freiflächen zum Spielen genutzt werden und welche anderen Orte und Institutionen von Bedeutung sind. Die Informationen aus der Analyse des Lebensumfelds sind bedeutsame Erkenntnisquellen für die Planung der Angebote und eine gezielte Förderung der Kinder.

Zielsetzung

- Die Erzieherinnen erfahren, wie Kinder im Stadtteil leben, wo sie spielen und welche anderen Orte und Institutionen für sie von Bedeutung sind.
- Das Interesse der Kinder an den Orten in ihrem Lebensumfeld und ihren Spuren in diesem Feld wird gefördert. Die Kinder lernen, dass andere Kinder sich an anderen Orten aufhalten und andere Wege gehen.

- Die gewonnenen Erkenntnisse fließen in zweifacher Weise in die Gestaltung der Angebote ein: Die Erzieherinnen greifen auf, was die Kinder auch außerhalb der Einrichtung gerne tun, und machen Angebote, die im Umfeld der Kinder fehlen.
- Die Informationen werden darüber hinaus genutzt, um geeignete Kooperationspartner z. B. für die Gestaltung gemeinsamer Angebote zu finden.

Zeitbedarf und Material

Zeitbedarf

- Für die Vorbereitung der Karten, der Legende und der Symbole werden ca. ein bis zwei Stunden benötigt.
- Für die Einführung in das gesamte Vorhaben und die Erläuterung der einzelnen Arbeitsschritte können ca. 10 bis 15 Minuten veranschlagt werden.
- Die Bearbeitung der Karten durch die Kinder sollte mit ca. 20 Minuten eingeplant werden.
- Für die Zusammenstellung der Ergebnisse wird ca. eine Stunde benötigt.
- Für das Auswertungsgespräch mit den Kindern kann ebenfalls mit einer Stunde gerechnet werden.
- Für die Diskussion der Ergebnisse im Team wird zu unterschiedlichen Phasen immer wieder Zeit benötigt.
- Einzuplanen ist darüber hinaus Zeit für die Vorstellung der Ergebnisse im Team und die Präsentation der Ergebnisse in der Öffentlichkeit sowie für die Umsetzung von Veränderungen.

Material

- Fotokopie der Karte für jedes Kind
- Fester Pappkarton zum Aufkleben der Karte
- Din-A4 Blatt mit Legende und Erläuterung
- Schere und Klebestift für jedes Kind
- Plakatpapier oder Stellwände zur Präsentation der Ergebnisse

Vorbereitung

- Anlass für die Umfeldanalyse kann eine bestimmte Beobachtung der Erzieherin sein, etwa dass die Kinder am Nachmittag viele Angebote wahrnehmen, die sie nicht genau zuordnen kann. Oder die Einschätzung der Erzieherin, dass die Lebenswelten der Kinder sehr unterschiedlich sind und sie möchte, dass dies in der Gruppe zum Thema wird. Die Anregung kann aber auch von den Kindern selbst kommen, da sie z. B. genauer wissen möchten, wo die anderen Kinder wohnen und wie sie leben.
- Eine Möglichkeit besteht darin, die Analyse nach und nach mit allen Schulkindern durchzuführen. Wird dies konsequent verwirklicht, dann stehen nach einer Zeit Informationen von allen Schulkindern zur Verfügung. Sie bieten eine gute Ausgangsbasis für differenzierte Planungsüberlegungen zur Gestaltung von Angeboten und zur individuellen Förderung der Kinder.
- Nur wenn die Kinder das Anliegen wirklich verstehen, ihr Interesse an der Erforschung ihres Lebensumfeldes geweckt wird und sie sich auch vorstellen können, was mit den Plänen anschließend geschieht, werden sie sich gerne beteiligen.
- Je nach Situation in der Gruppe kann es sinnvoll sein, mit Mädchen und Jungen getrennt zu arbeiten. Bei den jüngeren Kindern (besonders bei den Vorschulkindern) wird die Einführung in anderer Weise erfolgen als bei den älteren Kindern.
- Begrenzen Sie die Gruppengröße auf höchstens sechs Kinder, damit auf alle Kinder eingegangen werden kann und die Kinder sich mit den »Karten« der anderen auseiandersetzen können.
- Bereiten Sie für jedes der beteiligten Kinder eine Karte mit dem Stadtplan des Stadtteils, in dem das Kind wohnt, und Symbole zum Aufkleben vor.
- Damit die Kinder wissen, welche Symbole zur Verfügung stehen, erhält jedes Kind auf einem separatem Blatt eine Legende.

Durchführung

- Die Erzieherin erzählt den Kindern von der Methode, den Zielsetzungen und dem geplanten Ablauf.
- Jedes Kind klebt seine Karte auf den Karton.
- Auf dem Rand der Karte trägt jedes Kind seinen Namen und sein Alter ein. Das Alter ist von Bedeutung, um bei Analysen in den folgenden Jahren Veränderungen feststellen zu können.
- Die Erzieherin zeigt an Hand einer Karte und einer fiktiven Nutzung, welche Symbole es gibt. Nachdem sie sich versichert hat, dass alle Kinder dies verstanden haben, kann es losgehen.
- Die Kinder kleben zunächst einen Punkt auf ihr Wohnhaus und markieren danach die anderen, für sie bedeutsamen Orte ebenfalls mit einem Punkt. Für das Elternhaus wird ein roter, für die Kita ein blauer und für die Schule ein grüner Punkt verwendet.
- Sie markieren darüber hinaus mit einem roten Quadrat die Orte, an denen sie häufig spielen und die sie genau kennen.
- In einem zweiten Schritt markieren die Kinder mit Pfeilen ihre täglichen Wege, in die Kita und die Schule.
- Mit einer weiteren Art von Pfeilen werden die Wege zu Sportvereinen, Musikschulen usw. gekennzeichnet.
- Es kann sein, das gerade jüngere Kinder Unterstützung benötigen, um sich auf der Karte zu orientieren und die Symbole aufzukleben. Wenn Kinder die Karten in gemeinsamer Arbeit bekleben, kann dies eine gute gegenseitige Unterstützung sein.

Auswertung

- Für die Auswertung sollte ausreichend Zeit eingeplant werden, denn erst mit den Informationen, die die Kinder im Gespräch geben, kann die Karte in ihrer Bedeutung für die Kinder verstanden werden.
- Zu Beginn hängt die Erzieherin die einzelnen Karten so im Raum auf oder legt sie auf dem Boden aus, dass alle Kinder eine gute Sicht haben.
- Es ist wichtig, das Gespräch so zu leiten, dass jedes Kind seinen Plan in Ruhe vorstellen kann. Die Erzieherin und die anderen Kinder stellen Fragen. Vorher vereinbarte Regeln können dazu sehr hilfreich sein.
- Soziale oder kulturellen Unterschiede können in einer solchen Analyse deutlich werden. Um Ausgrenzungen zu vermeiden, ist es wichtig, den Gesprächsverlauf behutsam zu steuern. Jedes beteiligte Kind muss spüren, dass es auch bei einer von anderen abweichenden Lebenssituation angenommen wird. Dazu gehört auch, dass Grenzen der Mitteilungsbereitschaft akzeptiert werden.
  Mögliche Fragen
  - Wie war es für dich, mit der Karte zu arbeiten?
  - Zeig uns einmal, wo du wohnst!
  - Welche Wege zur Kita gehst du? Welchen Weg gehst du zur Schule?
  - Welche sind angenehm?
  - Welche sind unangenehm?
  - Erzähl uns doch einmal, welche Orte du mit Punkten belegt hast!
  - Was machst du bei den einzelnen Orten?
  - Wo spielst du?
  - Was spielst du an den Orten?
  - Was würdest du dir an Spielmöglichkeiten wünschen?
- Für die Selbstevaluation sind die Ergebnisse von besonderer Bedeutung, wenn es um die Einholung von Informationen über die Lebenssituation der einzelnen Kinder und die Entwicklung von konkreten Vorstellungen über die Entwicklung der einzelnen Kinder geht.

Weitere Aktivitäten

Denkbar sind Aktivitäten und Spiele, um den Stadtteil noch besser kennen zu lernen:
- Exkursionen zu Orten und Institutionen im Stadtteil, die für Kinder interessant sind,
- gemeinsamer Besuch von Spielplätzen,
- Besuch von anderen Einrichtungen für Schulkinder im Stadtteil.

Literatur

Spiegel, H. (1997). Offene Arbeit mit Kindern – (k)ein Kinderspiel. Erklärungswissen und Hilfen zum methodischen Arbeiten. Münster. S. 192 f.

2.4 Kinder führen eine »Pro und Kontra«-Analyse durch

Die »Pro und Kontra«-Analyse eignet sich, um die Erfahrungen der Kinder in einem bestimmten Bereich genauer kennen zu lernen. Sie lässt sich für mehrere thematische Schwerpunkte verwenden. Hier wird sie bezogen auf den Bereich des Mittagessens vorgestellt. Denkbar ist, sie jedoch auch im Bereich der Hausaufgabenbetreuung (→ Kopiervorlage 4 im Anhang) und für unterschiedliche Freizeitangebote, wie z. B. eine Fußball-AG, einzusetzen.

Die Analyse wird durchgeführt, indem die Kinder über eine Woche hinweg ihre Eindrücke, Erfahrungen und Bedürfnisse notieren. In einem Auswertungsgespräch werden die Aussagen aller Kinder zusammenfassend dargestellt und in einem zweiten Schritt zusammen mit den Kindern ausgewertet. Ein Vorteil dieser Methode besteht in dem geringem Zeitaufwand, der zur Durchführung und Auswertung benötigt wird.

Zielsetzung

- Mit der »Pro und Kontra«-Analyse wird in Erfahrung gebracht, wie die Kinder ein bestimmtes Angebot oder eine immer wiederkehrende Situation im Tagesablauf, z. B. das Mittagessen, erleben, was ihnen gefällt und was ihnen nicht gefällt.
- Die Ergebnisse fließen in die Reflexion und Planung der Arbeit ein.

Zeitbedarf und Material

Zeitbedarf

- Für die Vorbereitung des Schemas sind ca. 15 Minuten erforderlich.
- Für die Einführung in das gesamte Vorhaben und die Erläuterung der einzelnen Arbeitsschritte können ca. 10 Minuten eingerechnet werden.
- Für das Ausfüllen des Schemas durch die Kinder kann mit ca. 10 Minuten gerechnet werden.
- Für die Zusammenstellung der Ergebnisse wird ca. eine Stunde benötigt.
- Für das Auswertungsgespräch mit den Kindern sollten ca. 30 Minuten eingerechnet werden.

Material

- Schema
- Stifte
- Flipchartpapier oder Plakatpapier zur Visualisierung der Ergebnisse

Vorbereitung

- Die Erzieherin informiert die Kinder über die Ziele der »Pro und Kontra«-Analyse. Sie erläutert, dass es darum geht, ihre Bedürfnisse und Wünsche genauer kennen zu lernen. Überzeugend wird die Analyse, wenn die Kinder selbst erleben, dass sie aufgrund ihrer Rückmeldungen profitieren. Dies erfordert darüber hinaus Transparenz in der Vorgehensweise und einen Dialog über mögliche Konseqenzen.

Durchführung

- Das Blatt für die »Pro und Kontra«-Analyse wird den Kindern gegeben und erläutert. Es wird auch darüber berichtet, in welchem größeren Rahmen das Ganze steht und was mit den Ergebnissen geschehen soll.
- Die Kinder werden gebeten, ihre Erfahrungen, Meinungen und Wünsche in das Schema einzutragen und ihren Namen einzutragen.
- Die Erzieherin unterstützt die Kinder beim Ausfüllen des Schemas.

Auswertung

Auswertung mit den Kindern

- Die Auswertung erfolgt zunächst durch die Kinder selbst. In Kleingruppen vergleichen sie ihre Ergebnisse.

Folgende Fragen können dabei hilfreich sein:
- Was gibt es für Gemeinsamkeiten?
- Wo sind Unterschiede?
- Welche Möglichkeiten werden gesehen, um das, was stört, zu verändern?

- Die einzelnen Gruppen berichten im Plenum über die Erkenntnisse aus der Kleingruppenarbeit. Die förderlichen (pro) und hinderlichen oder störenden Aspekte (kontra) werden von den Kindern vorgelesen und von der Erzieherin auf Moderationskarten mitgeschrieben und auf einer Wandzeitung aufgeklebt.

Mögliche Fragestellungen für die Diskussion im Plenum:
- Welches Essen schmeckt den Kindern und welches nicht?
- Welche Regeln zur Gestaltung des Mittagessens werden als hilfreich erlebt und welche als hinderlich oder störend?
- Was gefällt den Kindern am Raum, in dem gegessen wird und was nicht?
- Wie empfinden sie die Zeiteinteilung beim Mittagessen?
- Welche Verhaltensweisen der Pädagoginnen erleben sie als förderlich, welche als störend?
- Welche Verhaltensweisen der anderen Kinder erleben sie als angenehm, welche als unangenehm?
- Was würden die Kinder gerne verändern?

- In einem weiteren Auswertungsschritt werden Möglichkeiten zur Umsetzung erarbeitet:
  - Welche der genannten Veränderungswünsche sind besonders wichtig?
  - In welcher Reihenfolge sollen sie umgesetzt werden?
  - In welchem Zeitraum sollten Veränderungen sichtbar werden?
  - Wer sollte an den Veränderungen beteiligt werden?
  - Was wird dazu benötigt?
- Nach einiger Zeit (etwa nach drei Monaten) können die Blätter wieder ausgeteilt und erneut ausgefüllt werden. Die Kinder vergleichen die Blätter und schauen, was sich verändert hat und welche der ursprünglichen Aussagen noch »stimmen« bzw. wo Veränderungsprojekte begonnen wurden.

Auswertung der pädagogischen Fachkraft (des Teams)

- Die Erzieherin analysiert die Aussagen der Mädchen und Jungen unter dem Aspekt, ob weitere Konsequenzen erforderlich sind. Sie stellt ihre Überlegungen im Team vor. Gemeinsam werden mögliche Auswirkungen auf das pädagogische Konzept diskutiert und Veränderungen geplant.

Literatur

Schratz, M. & Iby, M. & Radnitzky, E. (2000). Qualitätsentwicklung. Verfahren, Methoden, Instrumente. Weinheim/Basel, S. 123–135

2.5 Kinder blicken auf die Woche zurück

Die Kinder beantworten am Ende einer Woche Fragen zur vergangenen Woche (→ Kopiervorlage 5 im Anhang). Die Fragen sind bewusst offen gestaltet, damit die Kinder angeregt werden, ihre Einschätzungen, Wünsche und Interessen zu beschreiben. Die Antworten der Kinder werden gemeinsam in der Gruppe besprochen.

Die Methode der Wochenrückschau ist besonders für die Auswertung von größeren Aktionen und Projekten geeignet, z. B. Ferienaktivitäten und Projektwochen. Sie kann jedoch ebenso eingesetzt werden, um eine »normale« Woche aus der Perspektive der Kinder beschreiben zu lassen. Ein Vorzug der Methode liegt darin, dass für Durchführung und Auswertung wenig Zeit benötigt wird. Auch größere Gruppen können ohne großen Aufwand befragt werden.

Zielsetzung

- Die Einschätzungen der Kinder zur zurückliegenden Woche werden erfasst.
- Die Auswertung hat eine gezielte Auseinandersetzung mit Bedürfnissen und Interessen der Kinder zur Folge.
- Die Ergebnisse werden als Basis für Gespräche im Team zur Planung der nächsten Woche oder weiterer Angebote verwendet.

Zeitbedarf und Material

Zeitbedarf

- Für die Einführung können ca. 5 Minuten eingeplant werden.
- Für das Ausfüllen des Schemas durch die Kinder kann mit ca. 10 Minuten gerechnet werden.
- Für die Zusammenstellung der Ergebnisse wird ca. eine halbe Stunde benötigt, ebenso für das Auswertungsgespräch mit den Kindern.

Material

- Schema
- Stifte
- Flipchartpapier
- Flipchartständer

Durchführung

- Zur Einführung erklärt die Fachkraft, wie das Raster ausgefüllt wird und erläutert den Nutzen des Wochenrückblicks.
- Jedes Kind schreibt seine Eindrücke, Assoziationen und Wünsche in das Raster. Für jüngere Kinder, die noch nicht so sicher schreiben, kann es hilfreich sein, wenn sie zu zweit arbeiten und sich beim Ausfüllen gegenseitig unterstützen.

Auswertung

- Die Erzieherin zeichnet auf einer Plakatwand Kategorien für die fünf Fragen ein. Die Kinder lesen ihre Antworten vor, diese werden nun zu der jeweiligen Kategorie geschrieben.
- Wenn wenig Zeit zur Verfügung steht, kann die Erzieherin die Antworten der Kinder einsammeln, sie jeweils unter die Kategorien schreiben und erst danach mit den Kindern gemeinsam über die Ergebnisse reden.
- Die Ergebnisse zeigen, welche Tätigkeiten und Aktivitäten die Kinder spannend fanden, wie ihre Ziele aussehen und was sie sich wünschen.
- Mit den Kindern wird darüber gesprochen, wie die Ergebnisse umgesetzt werden können. So kann z. B. das Interesse der Kinder am Zirkusspiel in der nächsten Woche stärker aufgegriffen werden oder es können Ausflüge zu Museen o. ä. die Interessen der Kinder vertiefen.

Literatur

Schratz, M. & Iby, M. & Radnitzky, E. (2000). Qualitätsentwicklung. Verfahren, Methoden, Instrumente. Weinheim/Basel, S. 123–135

2.6 Kinder bewerten die Hausaufgaben

Ziel der Hausaufgabenbetreuung ist die Förderung des Lernens durch eine entsprechende Raumgestaltung, durch strukturgebende Regeln und die Unterstützung durch die Pädagogin. Die Hausaufgabenbetreuung ist ein Bereich, der eine enge Kooperation mit Eltern und Schule verlangt. Da allein aus der Beobachtung der Kinder nicht erschlossen werden kann, wie sie die Hausaufgaben und die Betreuung erleben und einschätzen, ist es notwendig, von den Mädchen und Jungen Informationen darüber zu bekommen.

Die Kinder erhalten ein Raster (→ Kopiervorlage 6 im Anhang), in das sie über den Zeitraum von einer Woche ihre Erfahrungen mit den Hausaufgaben eintragen. Die Zusammenschau aller Antworten gibt ein Bild über die Gesamtsituation. Die Auswertung sagt jedoch auch etwas über die Situation des einzelnen Kindes, darüber, wo es gut vorankommt, und wo es Unterstützung benötigt. Die Ergebnisse ermöglichen nicht nur eine gezieltere Förderung der Kinder, sie dienen ebenso als Grundlage für ein Feedbackgespräch mit den Lehrkräften oder den Eltern.

Zielsetzung

- Die Einschätzungen der Kinder zu den Hausaufgaben werden erfasst.
- Die Auswertung hat ein gezielteres Eingehen auf Schwierigkeiten der Kinder zur Folge.
- Wünsche und Vorlieben der Kinder bezogen auf die Art der Hausaufgaben und die Hausaufgabenbetreuung werden erkannt.
- Die Lehrkraft erhält ein Feedback über die Inhalte der Hausaufgaben und den Prozess der Bearbeitung.
- Die Informationen werden als Basis für Gespräche mit Eltern verwendet.

Zeitbedarf und Material

Zeitbedarf

- Für die Vorbereitung des Rasters sind ca. 15 Minuten erforderlich.
- Für die Einführung in das gesamte Vorhaben und die Erläuterung der einzelnen Arbeitsschritte können ca. 10 Minuten eingerechnet werden.
- Für das Ausfüllen des Rasters durch die Kinder sollte mit ca. 10 Minuten gerechnet werden.
- Für die Zusammenstellung der Ergebnisse wird ca. eine Stunde benötigt.
- Für das Auswertungsgespräch mit den Kindern wird ca. eine Stunde benötigt. Eventuell sind Einzelgespräche mit Kindern erforderlich.

Material

- Raster
- Stifte
- Flipchart und Flipchartpapier

Durchführung

- Die Erzieherin stellt den Kindern zu Beginn einer Woche das Raster vor. Sie erklärt den Kindern, wie es ausgefüllt wird und erläutert, wozu sie die Ergebnisse verwenden möchte.
- Jeweils nach der Hausaufgabenbetreuung füllen die Kinder das Raster aus. In der Regel wird eine Erinnerung an das Raster notwendig sein.
- Die Kindern füllen das Raster selbständig aus. Falls Fragen auftauchen oder die Kinder den Bogen nicht allein ausfüllen möchten, bietet die Erzieherin ihre Hilfe an.
- Die Frage »Hast Du etwas gelernt?« sollte ausführlich erläutert werden: Mit ihr wird erfragt, ob die Kinder die Hausaufgaben für interessant und ansprechend halten und sie deshalb durch die Bearbeitung etwas lernen konnten. Auch Grundschulkinder haben bereits ein gutes Urteilsvermögen, wenn es um diese Frage geht. Für ein Gespräch mit den Lehrkräften ist diese Frage im Sinne eines Feedbacks hilfreich.

Auswertung

- Die Auswertung erfolgt entweder am Ende der Woche oder zu Beginn der neuen Woche, indem die Ergebnisse aus den einzelnen Spalten zusammengetragen werden. Dabei werden die Kinder einbezogen.
- Je nach Situation kann es günstiger sein, dass die Erzieherin zunächst die gemeinsame Auswertung vorbereitet und den Kindern anschließend die in Tabellen zusammengefassten Ergebnisse vorstellt.
- Mögliche Auswertungskategorien sind:
  - Welche Hausaufgaben haben am meisten Zeit erfordert?
  - Wo ergaben sich Probleme?
  - Welche Hausaufgaben wurden als nicht sinnvoll eingeschätzt?

  - Welche Unterstützung wünschen sich die Kinder und von wem?
- Bei der Auswertung geht es darum, die Situation der einzelnen Kinder zu erfassen und ein Bild der Gesamtsituation einzuholen. Dies bedeutet, dass jede Aussage von Bedeutung ist und nicht nur solche, die von mehreren oder den meisten Kindern gemacht wurden.
- Je nach Situation in der Gruppe kann es angebracht sein, mit jedem Kind einzeln über die Hausaufgabensituation zu sprechen. Dies besonders dann, wenn Kinder besondere Hilfen benötigen und die Gruppe zu Konkurrenz und Ausgrenzung neigt. In manchen Gruppen wird erst mit der Versicherung einer Einzelauswertung und des vertraulichen Umgangs mit den Daten eine Offenheit der Kinder erreicht werden können.
- Fähigkeiten zum sicheren Umgang mit der Schriftsprache können bei den Erst- und Zweitklässlern noch nicht erwartet werden. Die Kinder werden deshalb ermuntert, so zu schreiben, wie sie reden. Die Erzieherin macht deutlich, dass Fehler ohne Bedeutung sind.
- Mit den Kindern wird darüber gesprochen, was sie für Vorstellungen zur Lösung von Problemen oder zur Erhöhung der Motivation haben. Die Erzieherin bringt ihre Vorstellungen, die aus der Beobachtung der Kinder entstanden sind, ebenfalls ein.
- Wichtige Inhalte und Ergebnisse des Gesprächs (der Gespräche) sollten aufgeschrieben werden, damit die Gedanken, Wünsche und Ideen auch später noch zur Verfügung stehen.
- Wird in der Gruppe gearbeitet, so hat sich bewährt, wichtige Punkte stichwortartig auf Moderationskarten aufzuschreiben und anschließend auf einen großen Bogen Papier zu kleben und aufzuhängen. Diese Vorgehensweise hat den Vorteil, dass die Diskussionsergebnisse für alle sichtbar werden und für die Auswertung genutzt werden können.
- Das Raster kann in bestimmten Abständen, etwa alle vier Monate, eingesetzt werden, um kontinuierlich Informationen zu sammeln. Bei einem aktuellen Bedarf, wenn z. B. Gespräche mit Lehrkräften und/oder Eltern anstehen, kann es zusätzlich eingesetzt werden.

Literatur

Schratz, M. & Iby, M. & Radnitzky, E. (2000). Qualitätsentwicklung. Verfahren, Methoden, Instrumente. Weinheim/Basel, S. 123–135

2.7 Kinder beantworten Skalierungsfragen

Die Kinder bewerten mittels vorgegebener Skalen eine Situation oder eine Erfahrung, z. B. die Situation in der Gruppe, die Situation beim Mittagessen, die Erfahrungen in der Theatergruppe. Sie zeichnen ihre Position auf einer Skala ein, bilden eine Linie zwischen zwei Zahlen oder malen Formen auf eine Skala (visuelles Skalieren). Möglich sind auch Skalierungen, bei denen die Kinder sich auf einer am Boden liegenden Skala, auf Treppenstufen oder einer mit Klötzen oder anderem Material geschaffenen Skala positionieren (kinästhetisches Skalieren). Die Skala erleichtert es den Kindern, sich auszudrücken. Sie können mit Sprache verstärken, was sie durch ihre Positionierung zeigen und müssen nicht alles sprachlich bezeichnen.

Mit dem Einsatz von Skalierungsfragen wird eine Methode aus dem Bereich der systemischen Therapie für die pädagogische Praxis genutzt. Die Methode richtet den Blick auf Fähigkeiten, Fertigkeiten, Zukunftsvorstellungen und Handlungsalternativen der Kinder und entspricht mit dieser Ressourcenorientierung einem wichtigen Prinzip pädagogischer Arbeit. Zudem ist sie durch ihre Nähe zum Spiel Kindern sehr vertraut und daher auch bereits bei jüngeren Kindern, die mit einem Fragebogen noch überfordert wären, einsetzbar. Mit dem sechsten Lebensjahr verfügen die meisten Kinder über die Fähigkeit, ihre Erfahrungen und Meinungen bei einer Befragung mit Skalen zu äußern. Ein Vorzug einer Befragung mit einer Skalierung liegt darin, dass sie relativ leicht und im Vergleich zu anderen Formen der Befragung mit geringerem Zeitaufwand durchgeführt und ausgewertet werden kann.

Zielsetzungen

- Skalierungsfragen geben Auskunft über die momentane Motivation, die Interessen, Zielvorstellungen und Selbsteinschätzungen der Kinder.
- Durch die Skalierung wird eine zukunftsorientierte Selbstbeobachtung bei den Kindern angeregt. Mit Blick auf eine bestimmte Zeitspanne können Entwicklungen deutlich werden.
- Die regelmäßige oder zumindest mehrfache Wiederholung der Skalierungen ermöglicht es, die Ressourcen der Kinder bezogen auf Zielvorstellungen, Fertigkeiten und Fähigkeiten kennenzulernen und zu würdigen.
- Die Auswertung der Skalierungen gibt die Chance, genau zu verorten, wo die Kinder stehen, was sie sich wünschen und was sie brauchen.

Zeit und Material

Zeit

Wie viel Zeit konkret benötigt wird, kann nur in groben Annäherungswerten geschätzt werden, da unterschiedliche Faktoren eine Rolle spielen, z. B. die Anzahl, das Interesse und die Konzentrationsfähigkeit der Kinder, der Fragestil der Erzieherin und das Thema.

Für die Befragung selbst wird in der Regel nur relativ wenig Zeit benötigt (ca. eine Viertelstunde), während das Auswertungsgespräch eine halbe bis eine Stunde in Anspruch nehmen kann.

Material

- Schriftliche Skalierung: ein Blatt mit Zahlen von 1 bis 5 oder Smileys mit verschiedenen Gesichtsausdrücken für jedes Kind
- Skalierung mit einer Schnur:
  - eine mindestens 5 m lange (besser noch längere) kräftige Schnur
  - 5 Zettel mit den Zahlen von 1 bis 5
  - alternativ: Bezeichnung der beiden Pole durch Wettersymbole – je eine Zeichnung einer Sonne und einer Regenwolke
- Skalierung mithilfe der Wände eines Raumes:
  - kleine Seile, Papierstreifen, Klötze o. ä. für die Unterteilung der Skala
- Skalierung mithilfe von verschieden hohen Türmen:
  - Bauklötze (Legosteine, Pappkartons…), z. B. einen Klotz für die Eins, zwei Klötze für die Zwei usw.

Vorbereitung

- Basieren die Skalierungen auf Zahlen, dann müssen die Kinder bereits ein Zahlenverständnis mindestens von 1 bis 5 entwickelt haben. Wird mit Smileys gearbeitet, dann können auch jüngere Kinder ohne Zahlenverständnis einbezogen werden.
- Wie bei jeder Form der Befragung ist es wichtig, dass die Fragen die Kinder ansprechen und für sie von Bedeutung sind.
- Die Gruppengröße sollte so bestimmt werden, dass die Kinder beim Auswertungsgespräch ihre eigene Position und die der anderen noch überblicken können. Mehr als fünf Kinder sollten in der Regel nicht gleichzeitig befragt werden. Ausnahmen sind möglich, wenn es sich um eine Skalierung handelt, bei der die Kinder auf Blättern ihre Einschätzung einzeichnen, da die Auswertung in diesem Fall in mehreren kleineren Gruppen durchgeführt werden kann.
- Es empfiehlt sich, auch bei der Arbeit mit schriftlichen visuellen Skalierungen die Auswertung sofort im Anschluss durchzuführen, da das Interesse und die emotionale Einbindung der Kinder nur dann gesichert werden kann.

Durchführung

- Die Erzieherin erläutert, warum es ihr wichtig ist, die Einschätzungen, Meinungen und Wünsche der Kinder zu erfahren. Sie stellt die positiven Möglichkeiten der Arbeit mit Skalierungen für die Kinder dar: Die Kinder erfahren mehr über ihre eigenen Einschätzungen, Meinungen und Wünsche und über die der anderen Kinder. Sie erläutert auch, was mit den Ergebnissen geschehen soll.
- Die Skala wird ausgeteilt (Zahlen- oder Smileyblätter) bzw. aufgebaut:
  Schnurskala: Die Schnur wird im Raum ausgelegt und die Zahlenzettel in gleichmäßigen Abständen darauf angeordnet und befestigt.
  Raumskala: Eine Wand erhält den Wert 1, die gegenüberliegende den Wert 5. Mithilfe des vorhandenen Materials werden die dazwischenliegenden Werte auf dem Fußboden markiert (z. B. Aufkleben von Papierstreifen in gleichmäßigen Abständen).
  Turmskala: Aus dem vorhandenen Material werden die verschieden hohen Türme gebaut.
- Wird zum ersten Mal mit einer Skalierung gearbeitet, dann stellt die Erzieherin an Hand einiger Beispielfragen vor, wie das Skalieren geht.
- Die Erzieherin gibt die Fragen für die Einschätzung sowie die Einschätzungsadjektive vor. Die Skala umfasst die Werte von 1 bis 5; größere Differenzierungen (z. B. 1–10) verlangen ein größeres Zahlenverständnis und sollten deshalb erst bei Grundschülern ab der dritten Klasse eingesetzt werden.
  Beispiele für Fragen:
  - Wie zufrieden bist du mit der Computer-AG für Mädchen?
  - Wie zufrieden bist du mit dem Gruppenraum?
  - Wie zufrieden bist du mit dem Mittagessen?
  - Wie interessant findest du die Kinderkonferenzen?
  - Wie wichtig ist für dich die Tanz-AG?
  - Wie wohl fühlst du dich in deiner Stammgruppe?

  Beispiele für Adjektive:
  - Wie interessant ist für dich...
    1 = uninteressant; 5 = sehr interessant
  - Wie zufrieden bist du mit...
    1 = nicht zufrieden; 5 = sehr zufrieden
  - Wie wichtig ist dir...
    1 = unwichtig; 5 = wichtig
  - Wie gefällt dir...
    1 = sehr schlecht; 5 = sehr gut
  - Wie wohl fühlst du dich...
    1 = überhaupt nicht wohl;
    5 = total wohl
  - Wie gern machst du...
    1 = überhaupt nicht gern;
    5 = total gern

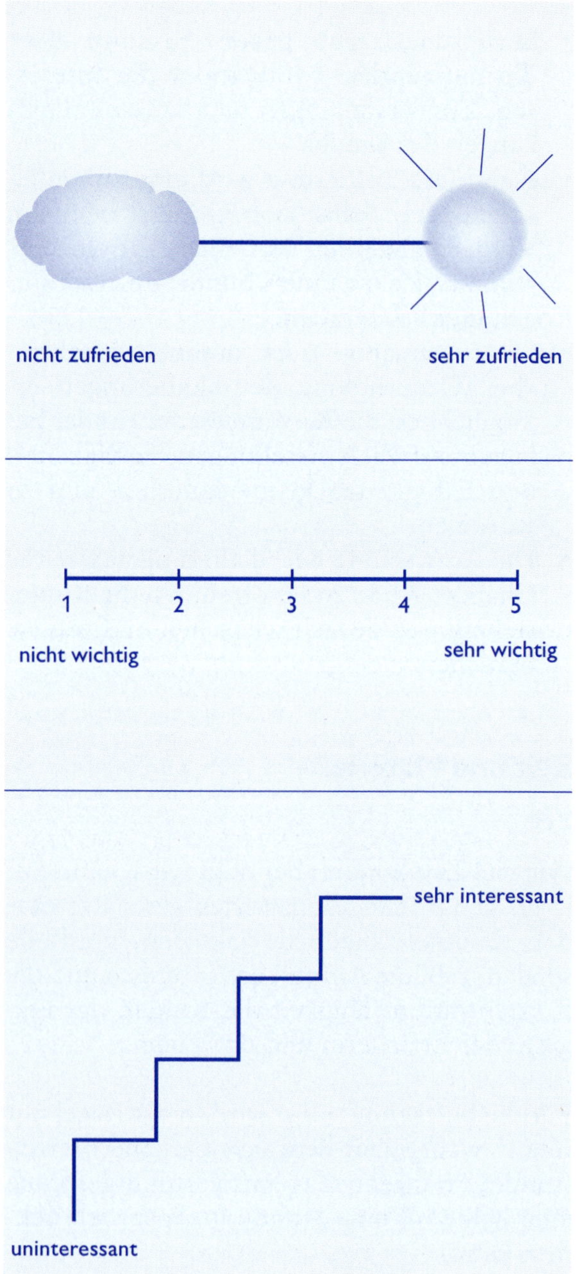

Abb. 5-7 Skalierungen mit verschiedenen Hilfsmitteln (Wettersymbole, Zahlen, Treppenstufen)

Auswertung

Auswertung im gemeinsamen Gespräch

- Die Erzieherin versucht zu verstehen, was die Kinder mit den Aussagen meinen, was der Kern der Aussagen ist und welche Bedeutung für die Zukunft sich daraus ableiten lässt. Wichtig sind Rückversicherungen: »Ich habe das jetzt so verstanden, stimmt das?«; »Ich habe jetzt verstanden, dass es für dich … ist das richtig?« Antworten, die zeigen, dass die Kinder sich unwohl fühlen, unzufrieden sind oder etwas ihnen nicht gefällt, geben mögliche Veränderungsrichtungen vor.
- Werden Skalen eingesetzt, die mit dem Raum arbeiten, z. B. Skalen, die mit Seilen hergestellt sind oder Positionen auf Stufen, dann gibt es verschiedene Möglichkeiten, um die Ergebnisse festzuhalten:
  - Die Kinder bleiben auf der Skala stehen oder setzen sich hin. Das Auswertungsgespräch beginnt, während die Kinder noch in der Position stehen.
  - Es wird ein Polaroidfoto gemacht und die Kinder besprechen im Kreis sitzend und mit Hilfe des Fotos ihre Ergebnisse.

Arbeit mit den Ergebnissen

Erster Schritt: Suche nach Ausnahmen und Unterschieden

- Die Auswertung beginnt mit der Suche nach den Ausnahmen und dem Unterschied. Fragen die geeignet sind, den Unterschied herauszufinden, sind:
  - »War es auch schon einmal anders?« Wenn die Frage mit ja beantwortet wird, kann weitergefragt werden: »Was genau war anders? Woran hat sich das gezeigt?«
  - »Hat es schon einmal eine Situation gegeben, in der du einen höheren Wert erreicht hattest? Was war damals anders als heute?«

Zweiter Schritt: Wünsche und Vorstellungen konkretisieren

- Wichtig ist zu erfahren, wohin die Kinder wollen, was ihre Wünsche und Vorstellungen sind. Was soll sich in welchem Ausmaß ändern? Eine Vorgabe sollte dabei nicht erfolgen, denn nur die Kinder können bestimmen, was für sie ein angemessener Wert ist.
  - »Wo müsstest du stehen, damit es für dich in Ordnung ist?«
  - »Was müsste sich verändern, damit du zufrieden bist?«

Dritter Schritt: Zielsetzungen und Veränderungen entwickeln

- Der dritte Schritt beinhaltet die Orientierung auf Veränderungen. Dabei geht es primär darum, dass die Kinder eigene Lösungen entwickeln und einbringen:
  - »Was müsste passieren, damit du die Situation beim Mittagessen besser bewerten könntest?«
  - »Wann genau würdest du einen Punkt mehr geben? Wann zwei Punkte?«
  - »Wer müsste was dazu tun, damit dies geschehen kann?«
  - »Woran würdest du merken, dass du dich beim Mittagessen wohler fühlst?«
- Es geht darum, die Situation genau zu reflektieren und Zielvorstellungen sowie Entwicklungsmöglichkeiten zu formulieren. Der Blick richtet sich zunächst auf das einzelne Kind mit seinen Wünschen und Fähigkeiten. Nachdem sich alle positioniert haben, entsteht neben dem Stimmungs- und Meinungsbild des einzelnen Kindes ein Bild der Gruppe. Es wird deutlich, welche Gemeinsamkeiten und Unterschiede bestehen. Dies ist ein guter Ansatzpunkt für eine Reflektion etwa mit den Fragen:
  - »Welche Gemeinsamkeiten fallen euch auf?«
  - »Welche Unterschiede gibt es?«
  - »Hättet ihr gedacht, dass …«
- Wo Wünsche einzelner Kinder von anderen als Beschränkung oder Störung erlebt werden, beginnt ein Aushandlungsprozess in der Gruppe.
- Ziel des Gesprächs ist es, heraus zu arbeiten, wie kleinschrittige und realistische Umsetzungsmöglichkeiten gestaltet werden können. Das Prinzip der kleinen Schritte ist deshalb so wichtig, weil es hilft, Überforderungen und Enttäuschungen zu vermeiden. Mit konkreten Nachfragen kann die Erzieherin die Kinder zur Erarbeitung eines Lösungsweges führen:

- »Wie sieht denn der erste Schritt dahin aus?«
- »Woran würdest du merken, dass sich etwas verändert hat?«
- »Woran würden die anderen merken, dass sich etwas verändert hat?«

Diese und ähnliche Fragen regen Kinder an, ihre Bedürfnisse bzw. Wünsche genau zu beschreiben und Zielvorstellungen zu entwickeln.

- Damit Entwicklungsprozesse in Gang kommen und reflektiert werden, sollten die Skalierungen wiederholt werden. Die Kinder haben dann die Gelegenheit, Veränderungen und Entwicklungsschritte wahrzunehmen.
- Wichtige Lernmöglichkeiten ergeben sich für die pädagogische Planung der einzelnen Erzieherin und das Team, insbesondere, wenn es um die Entwicklung von konkreten Zielvorstellungen für jedes Kind im Sinne der Ausarbeitung eines Bildungsplans geht. Die Arbeit mit den Skalierungen sollte deshalb stets gut dokumentiert werden. Nur so können Entwicklungen diskutiert werden und in die Evaluation der Arbeit einfließen.

Literatur

Krones, G. (2002). »Lösungsfokussierte Therapie und Kinder«. Ein Workshop des Münchner Familienkollegs mit Insoo Kim Berg, BFTC Brief Family Therapy Center Milwaukee, USA 15.–16. März 2002, in: MFK – Info 01/2002

Scheffler, A. (2001). »Skalierungsfragen für Kinder«. Sächsisches Landesjugendamt, Chemnitz, unveröffentlichtes Arbeitsmaterial.

2.8 Kinder beantworten einen Fragebogen

Im Zentrum der aktuellen Bildungsdiskussion steht das lebenskompetente Kind, das sich in aktiver Auseinandersetzung mit sich selbst und seiner Umwelt selbst bildet und sein Leben gestaltet. Entsprechend werden Kindern Bildungsmöglichkeiten angeboten, die sie selbst gestalten, und sie werden als Mitgestalter von Kultur und Wissen wahr- und ernstgenommen. Dies kann nur gelingen, wenn die Pädagogen auch aus der Perspektive der Kinder sehen lernen.

In den letzten Jahren haben Überlegungen zur Partizipation der Kinder zunehmend an Bedeutung gewonnen. Pädagogische Fachkräfte sind gefordert, Aktivitäten mit den Kindern gemeinsam zu planen, zu gestalten und auszuwerten. Bildung wie auch Partizipation setzen also das Einholen der Meinungen und Ideen der Kinder voraus. Eine Möglichkeit dazu sind Befragungen. Mit ihrer Hilfe kann die Sicht von Kindern auf ihr Leben in der Einrichtung, können Wünsche, Interessen und Erfahrungen erfasst werden.

Zielsetzung

- Einschätzungen, Meinungen, Wünsche und Bedürfnisse der Kinder zu bestimmten Aspekten des Lebens in der Einrichtung, etwa zu den Räumen und zur Raumgestaltung (→ Kopiervorlage 7 im Anhang), werden mit Hilfe der Befragung erfasst.
- Mit der Auswertung entsteht – je nach Art der Fragen – ein differenziertes Meinungs- und Stimmungsbild. Was denken die Mädchen und Jungen über ihre Einrichtung? Wie empfinden sie ihren Alltag? Wo halten sich die Kinder gerne auf? Wie erleben sie die Pädagoginnen? Was würden sie sich an Veränderungen wünschen?
- Die Erzieherinnen erhalten wichtige Informationen und Erkenntnisse für die Reflexion und die weitere Gestaltung ihrer Arbeit.

Zeitbedarf und Material

Zeitbedarf

- Der Zeitaufwand für die Entwicklung des Fragebogens hängt davon ab, wie differenziert die Befragung sein soll.
- Einführung und Durchführung können an einem oder zwei aufeinander folgenden Tagen, die Auswertung mit den Kindern an einem weiteren Tag durchgeführt werden. Die Auswertung und Bewertung der Ergebnisse ist häufig sehr zeitaufwendig. Der zeitliche Abstand zwischen Durchführung und Auswertung darf nicht zu groß werden, damit sich die Kinder an die Fragen, ihre Antworten und die übergreifende Zielsetzung der Befragung noch gut erinnern können.
- Vor der Auswertung führen Sie – allein oder mit Kolleginnen – die Zusammenstellung und Aufbereitung der Antworten durch. Der Zeitbedarf bestimmt sich aus der Anzahl der verteilten Fragebögen, der Anzahl der Fragen sowie der Komplexität und Verständlichkeit der Antworten. In der Regel sind mehrere Stunden erforderlich, um die Ergebnisse so aufzubereiten, dass sie mit den Kindern bearbeitet werden können.

Material

- Fragebögen und Stifte entsprechend der Anzahl der beteiligten Kinder
- große Papierbögen (z. B. Flipchartpapier) und/oder eine Kopie des Auswertungsblattes für jedes Kind
- Flipchartständer, Stellwände oder Wandflächen um die Plakate aufzuhängen
- evtl. einen Overheadprojektor und Folien

Vorbereitung

- Klären Sie im Team, was Sie von den Kindern wissen wollen, und formulieren Sie präzise, leicht verständliche Fragen. Beschränken Sie sich auf wenige Fragen, damit die Kinder nicht die Lust verlieren. Grundsätzlich spricht eine bildhafte Sprache die Kinder an, jedoch müssen die gewählten Metaphern der Erfahrungswelt der Kinder entsprechen. Gerade bei jüngeren Kindern hängt es von einer präzisen Wortwahl ab, ob sie sich von einer Frage angesprochen fühlen oder nicht. So hat sich gezeigt, dass bei einem Interview mit Kindern im Kindergarten die Frage, was die Kinder in der Einrichtung gerne verändern würden, erst dann verstanden wurde, als die Interviewerin fragte: »Wenn du hier der Bestimmer wärst, was würdest Du dann machen?«
- Berücksichtigen Sie bei der Formulierung der Fragen das unterschiedliche Alter der Kinder. Zwischen den Altersgruppen gibt es große Entwicklungsunterschiede, die sich auch in den Fragen widerspiegeln sollten. Eventuell werden die Altersgruppen nacheinander mit verschiedenen Fragen befragt.
- Sprechen Sie mit den Kindern ausführlich über das Ziel der Befragung, die Durchführung und die Auswertung.
- Vermitteln Sie den Kindern, dass die Mitarbeiterinnen mit der Befragung mehr über ihre Situation und Bedürfnisse erfahren wollen, um dies in der pädagogischen Arbeit berücksichtigen zu können. Das Vertrauen der Kinder in die Bedeutung der Befragung darf auf keinen Fall entäuscht werden. Aus den Ergebnissen müssen Konsequenzen gezogen werden, indem Zielsetzungen für Veränderungen und Planungen für die Umsetzung entwickelt werden.
- Erfahrungen haben gezeigt, dass bei einer guten Vorbereitung der Befragung die Kinder konzentriert und motiviert sind. Wenn sie verstanden haben, dass es darum geht ihre Meinung zu erfahren, dann haben sie das Gefühl, an einer wichtigen Sache mitzuarbeiten. Die Kinder liefern oft sehr umfangreiche und differenzierte Antworten, denn bezogen auf die konkrete Ausgestaltung des Lebens in der Einrichtung sind sie kompetent. Durch das Interesse der Erwachsenen an ihrer Sichtweise fühlen sie sich akzeptiert und anerkannt.
- Es ist sinnvoll, die Fragen vorab zu testen (möglichst mit Kindern, die später nicht an der Befragung teilnehmen), um sicher zu stellen, dass die Fragen von den Kindern so verstanden werden, wie Sie es beabsichtigen.
- Die Fragen können von der Erzieherin auch laut vorgelesen werden. Dann entsteht eine Situation, in der nachgefragt werden kann.

Durchführung

- Ermutigen und motivieren Sie die Kinder, den Fragebogen auszufüllen. Weisen Sie sie darauf hin, dass Sie erfahren wollen, wie die Kinder die Einrichtung erleben und dass eventuelle Schreibfehler keine Rolle spielen.
- Bitten Sie ältere und schreibsichere Kinder, den Erst- und Zweitklässlern beim Ausfüllen zu helfen. Damit diese nicht ungewollt Einfluss nehmen, kann verabredet werden, dass sie sich mit eigenen Meinungen zurückhalten und ausschließlich Hilfen zum Schreiben geben.
- Ermuntern Sie die Kinder, alles zu nennen, was ihnen einfällt. Auch ungewöhnliche Ideen sind willkommen.

Auswertung

Auswertung durch die Erzieherin und das Team

- Bei einer Reihe von Fragen, etwa zur Raumgestaltung, zu den Interessen der Kinder oder zur Hausaufgabenbetreuung, kann es für die Auswertung bedeutsam sein, ob der Fragebogen von einem Mädchen oder einem Jungen ausgefüllt wurde. Das gleiche gilt für das Alter der Kinder. Dazu vermerken Sie hinter jeder Antwort in Klammern die Kürzel: M (Mädchen) oder J (Junge) sowie das Alter als Zahl. Beispiel: »Am liebsten bin ich in der Verkleidungsecke. Da spiele ich oft mit Nina und Lisa.« (M, 8) bedeutet: Mädchen, 8 Jahre alt.
- Die Antworten der Kinder aus den einzelnen Fragebögen werden in ein Dokument übertragen, in welchem alle Fragen aufgeführt sind. Haben 30 Kinder an der Befragung teilgenommen, dann entsteht z. B. eine Zusammenschau aller dreißig Antworten zu der Frage: »Wo ist in der Einrichtung Dein Lieblingsort?«.
- Die Antworten werden – falls notwendig – behutsam so umformuliert, dass sie verständlich sind, ohne dabei den Sinngehalt zu verändern.
- Suchen Sie alle Antworten heraus, die sich einer Frage zuordnen lassen.
- Antworten, die nicht zugeordnet werden können, sammeln Sie zum Schluss des Dokuments. In der Auswertungsphase mit den Kindern kann danach gefragt werden, wo die Antworten zugeordnet werden sollen.
- Die Zuordnung erfolgt zunächst für jede Frage einzeln. In einem weiteren Schritt betrachten Sie die Antworten auf alle Fragen im Zusammenhang. Notieren Sie die wichtigsten Erkenntnisse, die Sie aus den Ergebnissen ableiten. Gehen Sie dabei so vor, dass Sie zunächst zu jeder Frage ein Ergebnis als These formulieren und im Anschluss daran Beziehungen zwischen den einzelnen Ergebnissen herstellen.
- Beispiel: »Die älteren Jungen finden im Gruppenraum nicht genügend Raum für laute Bewegungsspiele. Sie fühlen sich eingeschränkt und kontrolliert.«
- Diskutieren Sie die Thesen im Team und entwickeln Sie Vorstellungen über mögliche pädagogische Konsequenzen.

Auswertung mit den Kindern

- Planen Sie genügend Zeit ein und wählen Sie einen ruhigen und angenehmen Raum aus, in dem die Gruppe nicht gestört wird.
- Sie haben vorbereitend die Zusammenschau der Antworten zu den einzelnen Fragen vorgenommen und diese so aufbereitet, z. B. auf einem oder mehreren Flipchartbögen, dass alle Kinder die Antworten sehen können.
- Eine Variante besteht darin, eine Overheadfolie mit den Ergebnissen zu erstellen und sie mit den Kindern zu besprechen. Ergänzend können alle Kinder die schriftliche Zusammenstellung der Antworten erhalten.
- Über die Ergebnisse zu jeder Frage wird ausführlich miteinander gesprochen. Folgerungen und Konsequenzen werden entwickelt. Es wird vereinbart, wann sich die Gruppe wieder trifft, um zu besprechen, was bisher bereits geschehen ist und was noch erfolgen sollte.

Leitfaden für das Auswertungsgespräch

- Wenn ihr die Antworten zu Frage X seht, was fällt euch dann auf?
- Welche der Antworten überrascht euch am meisten?

- Gibt es deutliche Unterschiede zwischen den Antworten von Mädchen und Jungen?
- Gibt es Unterschiede zwischen jüngeren und älteren Kindern?
- Welche der vorgeschlagenen Veränderungen sollten umgesetzt werden?
- Wann kann dies geschehen?
- Was muss dazu vorher geschehen?
- Wer will sich daran beteiligen?
- Wer sollte noch zusätzlich einbezogen werden?

Beispiele

Ein Fragebogen kann zur Erfassung der Kinderperspektive auf spezielle Bereiche des Lebens in der Einrichtung eingesetzt werden:

Bereich Freizeitgestaltung
- An welchen Angeboten nimmst Du teil? (Eine Liste aller Angebote erleichtert den Kindern das Erinnern.)
- Was gefällt Dir am besten an …?
- Was gefällt Dir nicht bei der …?
- Was wünschst Du Dir noch an Angeboten?

Bereich des Mittagessens
- Wie findest Du die Regeln für das Mittagessen? Brauchen wir sie? Wenn ja, wofür? Wenn nein, warum nicht? (Führen Sie die Regeln einzeln auf, um differenzierte Antworten zu erhalten.)
- Was gefällt Dir am Mittagessen?
- Wenn Du hier der Bestimmer wärst, was würdest Du verändern?

Bereich der Ferienfreizeiten
- An welchen Angeboten hast Du in der Ferienfreizeit teilgenommen? (Eine Liste aller Angebote erleichtert den Kindern das Erinnern.)
- Was hat Dir am besten an der Ferienfreizeit gefallen?
- Was hat Dir bei der Ferienfreizeit nicht gut gefallen?
- Was würdest Du bei der Freizeit im Sommer gerne machen?
- Was würdest Du Dir von der Betreuerin Frau X wünschen?
- Was würdest Du Dir von dem Betreuer Herrn Y wünschen?

Literatur

Hanstein-Moldenhauer, K. & Sickinger, M. (1999). Fragebogen für die Arbeit mit Schulkindern. Unveröffentlichtes Arbeitsmaterial. Bremen.

Heinzel, F. (1997): Qualitative Interviews mit Kindern. In: B. Friebertshäuser & A. Prengel (Hg.). Handbuch Qualitative Forschungsmethoden in der Erziehungswissenschaft. Weinheim. S. 396–413

TPS Theorie und Praxis der Sozialpädagogik – Evangelische Fachzeitung für die Arbeit mit Kindern Nr. 2/2001 »Kinder beteiligen«. S. 4–5

2.9 Kinder schreiben Geschichten

Kinder schreiben Geschichten über Erlebnisse in der Einrichtung, im Elternhaus oder in der Schule. Bei der Schilderung eines eigenen Erlebnisses geht es um das erinnernde Hineingehen in eine ganz bestimmte Situation oder Szene. Eben dieses Wiedererinnern und Erzählen von Erlebnissen scheint für Kinder etwa ab dem 6. Lebensjahr eine altersgemäße Mitteilungsform zu sein. In und mit ihren Erlebnissen schildern Kinder häufig Schlüsselszenen. Das Kind hat etwas besonders Interessantes, Schönes, Aufregendes oder Schweres erlebt. Dadurch haben sich neue Fragen und Sichtweisen entwickelt und Altes ist verändert worden. Es muss bei den Erlebnissen nicht immer um etwas außergewöhnlich Bedeutsames gehen. Auch aus der Außenperspektive eher belanglos anmutende Erfahrungen können ein Kind so beeindrucken, dass es das Ereignis nicht so schnell vergisst und es als Erlebnis einreiht.

Das Beschreiben von Ereignissen – als möglicher weiterer Anlass zum Schreiben – ergibt sich aus den Themen, die den Kindern in ihren unterschiedlichen Lebensbereichen begegnen und für die sie sich besonders interessieren. Das können die unterschiedlichsten Wissens- und Lebensbereiche sein wie Sport, Technik, Geschichte, Biologie oder Politik. Mit unterschiedlichen Formen des Schreibens, der Bearbeitung und Dokumentation, z. B. Geschichten in den PC tippen, Geschichten auf ein Blatt schreiben, Geschichten mit Fotos und/oder Zeichnungen ergänzen, Geschichten im Hefter oder in der Form des Geschichtenbuchs zusammenstellen, kann den Möglichkeiten und Bedürfnissen der einzelnen Kinder entsprochen werden.

Die Kinder schreiben ihre Geschichte und stellen sie den anderen Kindern und der Erzieherin vor. Es schließt sich ein Gespräch über die Geschichte an, indem die zuhörenden Kinder ihre Eindrücke, Assoziationen und eigene Erfahrungen einbringen können. Indem Kinder ihre Geschichte vorlesen und in der Gruppe darüber sprechen, blicken sie zurück auf ihre Erfahrungen und Einschätzungen und können dabei in ihrem Selbstkonzept eine deutliche Unterstützung erfahren. Zudem werden sie in ihren sprachlichen Ausdrucksmöglichkeiten gefördert. Für die Pädagoginnen besteht der Nutzen darin, die Sichtweisen, Selbstdeutungen, Interessen und Bedürfnisse der Kinder besser kennen zu lernen. Wenn es z. B. darum geht, in Teambesprechungen ein möglichst lebendiges und detailreiches Bild von einem bestimmten Kind entstehen zu lassen, dann sind die Geschichten der Kinder eine wichtige Quelle, um zusätzliche Informationen zu einem tieferen Verständnis der Kinder zu erhalten.

Zielsetzungen

- Die Kinder erfahren eine Unterstützung ihres Selbstkonzepts und ihrer sprachlichen Ausdrucksmöglichkeiten.
- Das Interesse der Kinder an den Erlebnissen der anderen Kinder wird gefördert.
- Die Erzieherinnen erkennen, welche Erfahrungen für die Kinder bedeutsam sind und womit sie sich auseinandersetzen.
- Sie erhalten vielfältige Informationen über die Beziehungen der Kinder untereinander, die Art der Freundschaften, die Regeln und Konflikte.
- Die Auswertung der Geschichten gibt den Pädagoginnen wichtige Hinweise zur Bestimmung der Ressourcen, also zu der Frage, welche Fähigkeiten und Interessen ein Kind hat und wie seine Erlebens- und Verarbeitungsmöglichkeiten sind.

Zeitbedarf und Material

Zeitbedarf

- Das Geschichtenschreiben kann als Projekt über einen vorher genau bestimmten Zeitraum hin durchgeführt werden oder als kontinuierliches und deshalb nicht begrenztes Angebot.
- Wieviel Zeit benötigt wird, ergibt sich aus der gewählten Form, dem Umfang und der Art der Dokumentation und lässt sich deshalb nur vor Ort genau bestimmen.
- Es wird Zeit benötigt zur Beschaffung und Vorbereitung des Materials.
- Die Einstimmung der Kinder, sowie die Begleitung und Unterstützung während der Schreibphase, erfordern ebenfalls Zeitkontingente.
- Für das Erzählen der Geschichten sollte eine Stunde wöchentlich eingeplant werden.
- Für die Dokumentationen (etwa nach einem halben oder einem Jahr oder zum Ende eines Projekts) sind – je nach der Art der vorgesehenen Dokumentation, z. B. Ordner mit Geschichten, Geschichten als Buch gefasst – mehrere Stunden einzurechnen.
- Für die Einbeziehung der Ergebnisse in die pädagogische Planung sollte bei den Teamsitzungen Zeit vorgehalten werden.

Material

- Computer mit einer beliebigen Textverarbeitung
- Drucker
- verschiedenfarbige Papiere, Malmittel (Buntstifte, Filzstifte)
- Fotoapparat
- Klebestift
- Odner für jedes Kind
- Sammelkiste mit Anregungen, z. B. Postkarten, Satzanfänge, interessante Gegenstände, Zeitungsausschnitte etc.

Vorbereitung

- Stellen Sie eine Atmosphäre der Geborgenheit her, in der die Kinder Vertrauen entwickeln können und in der sensibel auf ihre Interessen eingegangen wird.
- Ermuntern Sie die Kinder, ohne jegliche Hemmungen zu schreiben und keine Angst im Hinblick auf die Rechtschreibung zu haben.
- Erkennen Sie die Kompetenzen der Kinder und zeigen Sie Ihr Vertrauen in ihre Fähigkeiten.
- Helfen Sie bei der Ideenfindung, z. B. durch eine Sammlung aussdrucksstarker Bilder, Gegenstände und Geschichtanfänge.
- Sammeln Sie denkbare Themen für das Schreiben z. B. in einem Kästchen und setzen Sie sie als Anregung ein.
- Gehen Sie als Erzieherin mit gutem Beispiel voran und schreiben Sie kleine Texte über das, was Sie berührt, Ihnen Freude macht, Sie besorgt oder in besonderer Weise interessiert.
- Für manche Kinder wird die Beteiligung am Schreiben von Geschichten attraktiver, wenn sie ihre Geschichten am PC schreiben dürfen. Vielen Kindern, die unsicher schreiben und Fehler machen, fällt das Schreiben am PC leichter. Eine Einführung in den Umgang mit dem Textverarbeitungsprogramm bereitet die Kinder auf das Schreiben vor.
- Für die Geschichtenschreiber sollte – wenn möglich – ein eigenes Laufwerk eingerichtet werden, das mit einem Kennwort gesichert ist, so dass nur die beteiligten Kinder Zugriff haben.
- Für andere Kinder kann es attraktiver sein, ihre Texte mit der Hand zu schreiben und die Blätter in eine – schön gestaltete – Mappe einzuordnen.

Durchführung

Geschichten schreiben

- Mit den Kindern werden Möglichkeiten des Geschichtenschreibens – z. B. die wöchentliche Besprechung im Geschichtenerzählkreis und die Möglichkeiten der Weiterarbeit und Dokumentation – erörtert.
- Auf dieser Basis erfolgt eine Entscheidung für konkrete Vorgehensweisen und Regeln. Es werden z. B. Absprachen darüber getroffen
  - wie oft und wann die Kinder Zugang zum PC haben,
  - welche Absprachen für die Nutzung gelten,
  - wie die Kinder ihre Texte ausdrucken können.
- Themenbereiche, zu denen die Kinder schreiben möchten, werden gemeinsam entwickelt, z. B.:
  - Wer bin ich? Die Kinder aus der Schreibgruppe stellen sich vor
  - Was mich besonders interessiert
  - Was ich einmal werden möchte
  - Der beste Film, den ich je gesehen habe
  - Ein Erlebnis mit einem Tier
  - Was sich in unserer Einrichtung ereignet hat
  - Mein Lieblingsort in der Einrichtung
  - Eine Situation, in der ich einmal Angst hatte
- Bei manchen Themen kann es wichtig sein, den Kindern anzubieten, unter einem Pseudonym zu schreiben, etwa wenn es um Ängste (»Was ich mich nicht getraut habe«) oder Konflikte (»Der Streit um die Rollbretter«) geht. Jedes Kind überlegt sich ein Pseudonym, einen Phantasienamen. Damit wird vermieden, dass es von anderen ausgelacht, bloßgestellt oder angegriffen wird.
- Damit Kinder bestimmte Geschichten, deren Inhalt sehr privat ist, geheim halten können, erhält jedes Kind eine Diskette, auf der es solche Texte speichern kann. Die entsprechende Datei im PC wird gelöscht.
- Freie Texte von Kindern der ersten Schuljahre orientieren sich nur begrenzt an Regeln zur Rechtschreibung. Häufig schreiben die Kinder noch lautgetreu. Dies wird von der Erzieherin akzeptiert und die Geschichten der Kinder werden nicht korrigiert. Werden die Texte jedoch veröffentlicht, sei es als Kopie an alle verteilt, sei es in einem Geschichtenbuch der Einrichtung ausgelegt, dann sollten sie zuvor nach den üblichen Regeln korrigiert werden. Die Kinder verstehen das und werden die Regeln akzeptieren, wenn sie erkennen, dass

nur die Rechtschreibung, nicht aber der Inhalt des Geschriebenen verändert wird.

- Die Kindern der Gruppe tauschen untereinander ihre Mail-Adressen aus. Dann können die Kinder ihre Geschichte(n) an alle verschicken. Die Kinder tauschen z. B. Mails zu den Geschichten aus und können sich zu Hause ein Geschichtenbuch einrichten.
- Geschichten, die sie zu Hause geschrieben haben, können die Kinder an die Einrichtung senden.

Geschichten besprechen

- Bei den wöchentlichen Gesprächen können die Kinder den anderen ihre Geschichte vorlesen, erzählen, wie es zu der Geschichte kam, was sie dabei bewegt hat, was ihnen gefällt und was nicht und was sie noch schreiben möchten.
- Die Erzieherin leitet diese Gespräche behutsam und versucht, eine Atmoshäre zu schaffen, in der die Kinder miteinander ins Gespräch kommen und sich ein positives Feedback geben. Die Kinder erfahren, dass es nicht darum geht, die Geschichten zu beurteilen, sondern sich von ihnen anregen zu lassen und eigene Eindrücke, Gedanken und Assoziationen zu nennen:
  - »Besonders gefallen an deiner Geschichte hat mir …«
  - »Die Geschichte hat mich an Folgendes erinnert …«
  - »Meine Frage ist …«
- Würdigen Sie auch kleine Schritte und erste Ergebnisse.
- Damit dies möglich ist, werden Regeln mit der Gruppe erarbeitet, z. B.:
  - Jeweils zu Beginn der Gespräche einigt sich die Gruppe darüber, wer eine Geschichte vorstellen möchte und wer (in welcher Reihenfolge) dran ist.
  - Wer vorträgt, wird nicht unterbrochen.
  - Wer etwas sagen möchte, wartet, bis sie/er den Redestein hat.

Auswertung

Auswertung mit den Kindern

- Fertige Geschichten sammelt jedes Kind in einem kleinen Ordner. Für Geschichten, die sonst niemand lesen soll, werden Sonderregelungen vereinbart.
- Jedes Kind kann für sich entscheiden, ob es seine Texte mit Zeichnungen und/oder Fotos versehen möchte.
- In gewissen Abständen werden die bisher entstandenen Texte gesichtet. Die Kinder sprechen darüber, welche Texte thematisch zusammengehören, und stellen Zuordnungen her.
- Die Erzieherin regt die Kinder an zu überlegen, ob die Texte so zusammengestellt werden sollen, dass aus ihnen ein Buch entsteht. Es kann für jedes beteiligte Kind ein Buch hergestellt werden.
- Es wird darüber nachgedacht, wie (einzelne oder auch alle) freigegebenen Texte anderen Kindern vorgestellt werden können. Eine Möglichkeit besteht darin, dass die Kinder aus ihren Geschichten vorlesen. Jüngere Kinder, die noch nicht schreiben können, können Bilder zu den Texten malen.
- Es kann ein Geschichtenbuch erstellt werden, das in der Einrichtung ausliegt und von allen Interessierten eingesehen werden kann.

Auswertung im Team

- Die Texte der Kinder werden in die pädagogische Planung einbezogen. Sie können als Dokumente verstanden werden, deren Analyse wichtige Aussagen zu den folgenden Fragen enthält:
  - Wo liegen die Stärken der Kinder?
  - Wie erleben die Kinder ihre Situation?
  - Was interessiert sie?
  - Was würden die Kinder in der Einrichtung gerne verändern?

Literatur

Röhner, Ch. (2000): Freie Texte als Selbstzeugnisse des Kinderlebens. In: Heinzel, F. (Hg.): Methoden der Kindheitsforschung. Ein Überblick über Forschungszugänge zur kindlichen Perspektive. Weinheim/München. S. 205–215

3

Perspektive der Eltern zur Tageseinrichtung und zur Zusammenarbeit

3.1 Blitzlicht
3.2 Brainstorming
3.3 Stimmungsbarometer
3.4 Bienenkorb
3.5 Punktabfrage
3.6 Kartenabfrage
3.7 Mind-Map
3.8 Fish-Bowl
3.9 Fragen zur Einschätzung der Zusammenarbeit
3.10 Fragebögen – Hinweise zur Planung, Durchführung und Auswertung

3.1 Blitzlicht

Ähnlich wie beim Fotoapparat dient das Blitzlicht als Methode in der pädagogischen Arbeit dazu, eine Situation zu beleuchten. Diese Methode eignet sich gut, um zum Abschluss einer Zusammenarbeit oder eines Angebotes eine Rückmeldung einzuholen. Alle Teilnehmenden nehmen nacheinander zu vorformulierten Fragen (in der Regel ein bis drei Fragen) kurz Stellung. Es entsteht ein Bild der Stimmungen, Meinungen und Wünsche, das den pädagogischen Fachkräften Aufschluss über die momentane Einschätzung der Eltern gibt und sich gut eignet, um das Geschehen auszuwerten und weitere Veranstaltungen, Treffen usw. zu planen. Das Blitzlicht kann im Team, mit Kindern oder mit Eltern eingesetzt werden. Die besonderen Vorzüge der Methode liegen im geringen Arbeitsaufwand für Durchführung und Auswertung.

Im Folgenden wird das Blitzlicht als Reflexionsmethode in der Zusammenarbeit mit Eltern vorgestellt.

Zielsetzungen

- Es entsteht ein Bild der Stimmungen, Meinungen und Wünsche der Gruppe.
- Die Ergebnisse werden für die weiteren Arbeit genutzt.

Zeitbedarf und Material

Zeitbedarf

- Für jede beteiligte Person wird eine Minute an Redezeit eingeplant. Dies bedeutet, dass bei einer Gruppe von 25 Personen für die Durchführung bereits mit 25 Minuten gerechnet werden sollte.
- Die Auswertung im Team kann in wenigen Minuten erfolgen.

Material

- Moderationskarten (falls die Ergebnisse notiert werden)
- Plakatpapier
- Stifte
- Redestein

Durchführung

Einsatzmöglichkeiten

- Ein Blitzlicht kann im Anschluss an unterschiedliche Angebote für Eltern eingesetzt werden:
  - Elternabend zum Thema: Hausaufgabenbetreuung
  - Elternabend zum Thema: Konzept der Arbeit mit Schulkindern
  - Elternabend zum Thema: Medienkonzept der Einrichtung
  - Konzeptionstag mit den Eltern
  - Sitzung des Elternrats
  - Arbeitsgruppe zur Umgestaltung des Außengeländes
- Die Methode ist bis zu einer Größe von ca. 25 Teilnehmenden in der geschilderten Form anwendbar. Bei größeren Gruppen fällt ein konzentriertes Zuhören schwer und der Zeitaufwand wird zu hoch.

Erster Schritt

- Die Einführung in das Blitzlicht erfolgt über den Hinweis, dass die Mitarbeiterinnen an einer Rückmeldung zur Zusammenarbeit, dem Angebot oder der Veranstaltung interessiert sind.
- Formulieren Sie ein bis drei Fragen, jedoch nicht mehr, damit sich alle die Fragen gut merken können und die Zeit nicht zu lang wird. Besonders bei Gruppen, die im Umgang mit der Methode nicht geübt sind, empfiehlt es sich, die Fragen auf einem Flipchart zu visualisieren.
  Beispiele für Fragen:
  - »Wie fühlen Sie sich momentan?«
  - »Wie gut ist unsere Arbeit verlaufen?«
  - »Wie zufrieden sind Sie mit dem Arbeitsergebnis?«
  - »Wie haben Sie die heutige Diskussion erlebt?«
  - »Was nehmen Sie vom heutigen Abend mit?«

– »Welche Fragen sind für Sie offen geblieben?«
– »Was wünschen Sie sich für die Gestaltung des nächsten Abends?«
- Stellen Sie die Regeln für das Blitzlicht vor:

Regeln für das Blitzlicht

- Jeder hat die Möglichkeit, sich zu äußern! Möchte jemand nichts sagen, so wird dies akzeptiert!
- Es redet stets nur einer zur gleichen Zeit!
- Jeder spricht aus der Ich-Perspektive, nicht als »wir« oder »man«.
- Jeder sagt nicht mehr als drei Sätze zu jeder Frage!
- Alle Beiträge sind willkommen! Sie werden weder kommentiert noch diskutiert!

Zweiter Schritt

- Die Moderatorin leitet das Thema des Blitzlichts ein.
- Sie achtet darauf, dass alle Eltern, die möchten, etwas sagen können.
- Außerdem ist sie Zeit- und Themenwächterin. Sie weist Vielrednerinnen und Abschweiferinnen auf die begrenzte Redezeit und die Frage hin.
- Die Reihenfolge der Wortmeldungen kann beliebig sein, es ist aber auch möglich, der Reihe nach vorzugehen.
- Es hat sich bewährt, einen »Sprechstein« herumzureichen, dadurch wird deutlich, wer gerade spricht und wann der oder die Nächste an der Reihe ist.
- Die Moderatorin hat die Aufgabe zu verfolgen, wer bereits geredet hat, und darauf zu achten, dass niemand übersehen wird.
- Sie nimmt eine neutrale Haltung ein, d. h. sie nimmt alle Äußerungen mit emotionaler Akzeptanz entgegen, ohne mimisch, gestisch oder in Worten eine Wertung vorzunehmen.
- Kritisieren Eltern in ihrem Feedback die Meinungen oder Haltungen anderer Eltern, so geben Sie nach der Runde Gelegenheit zur Klärung.
- Üben Eltern Kritik an der Einrichtung oder an den Mitarbeiterinnen, so nehmen Sie die Kritik an und reagieren nicht mit Rechtfertigungen. Eine intensivere Auseinandersetzung mit der Kritik erfolgt später im persönlichen Gespräch mit den Eltern oder nur im Kreis der Mitarbeiterinnen.

Auswertung

- In vielen Fällen reicht es aus, wenn das Blitzlicht aufgenommen, aber nicht weiter bearbeitet wird. Die Mitarbeiterinnen melden den Eltern zurück, was sie verstanden haben und sagen, dass sie die Ergebnisse in ihre Planungsüberlegungen mitnehmen.
- Eine weitere Möglichkeit der Auswertung besteht im Mitschreiben der Antworten auf Moderationskarten (dokumentiertes Blitzlicht).
- Das Mitschreiben auf Karten ermöglicht eine Visualisierung der Ergebnisse auf Wandzeitungen. Sie können beim nächsten Treffen wieder aufgehängt oder fotografiert und dem Protokoll beigelegt werden.

Literatur

Brühwiler, H. (1994). Methoden der ganzheitlichen Jugend- und Erwachsenenbildung. (2. Aufl.). Opladen. S. 41

3.2 Brainstorming

Beim Brainstorming handelt es sich um eine Methode, mit der in kurzer Zeit die Entwicklung und Sammlung möglichst vieler Ideen, Einfälle und Aspekte zu einer bestimmten Frage angeregt werden soll. Dabei wird das Gehirn – wie der Begriff verdeutlicht – als Ideengenerator betrachtet. Ein Vorzug der Methode liegt darin, dass sie ohne Vorbereitung durchgeführt werden kann und die Durchführung nur wenig Zeit in Anspruch nimmt.

Zielsetzungen

- Möglichst viele Ideen werden gesammelt.
- Darauf aufbauend werden Lösungsmöglichkeiten diskutiert.

Zeitbedarf und Material

Zeitbedarf

- Für die Sammelphase ca. 15–20 Minuten
- Für die Auswertung und Diskussion der Ergebnisse kann mindestens mit dem doppelten Zeitbedarf gerechnet werden.

Material

- Plakatpapier
- farbige Filzstifte

Durchführung

Erste Phase: Ideen sammeln

- Ein Begriff, ein Thema, ein Problem oder eine Frage wird auf einem Plakat oder Flipchart festgehalten.
  Beispiele:
  »Welche Fähigkeiten und Kenntnisse der Eltern können für die Einrichtung genutzt werden?«
  »Spielangebote am Tag der offenen Tür«
  »Ausflüge in den Sommerferien«
- Die Sammelphase wird zeitlich begrenzt (höchstens 15–20 Minuten).
- Die Moderatorin (eventuell unterstützt von einer zweiten Person) notiert alle Ideen auf einem Plakat.
- Die Moderatorin stellt die Methode vor und führt in die Regeln ein.

Regeln für das Brainstorming

- Jede Idee ist willkommen!
- Die Beiträge dürfen während der Sammelphase nicht kommentiert werden.
- Ideen anderer aufzugreifen und weiterzuspinnen ist erwünscht.
- Nennen Sie alles, was Ihnen einfällt. Es geht darum, möglichst viele Ideen zu sammeln!

Zweite Phase: Ideen und Lösungsvorschläge ordnen und prüfen

- In dieser Phase geht es darum, das Material zu sichten und Entscheidungen zur Verwertbarkeit zu treffen. Dazu wird jede Idee angeschaut und besprochen.
- Um die Ideen zu ordnen und nach Bereichen zu trennen, schreiben Sie sie auf Moderationskarten (weiße Karten) und befestigen sie mit Stecknadeln auf einem Auswertungsplakat. So wird es leichter möglich, ähnliche Ideen zusammenzufassen und dadurch eine Systematik einzuführen.
- Gedanken und Ergebnisse dieser Phase können auf Moderationskarten (blaue Karten) festgehalten werden. (Zum Umgang mit den Karten finden Sie Anregungen unter → Kap. 3.6).
  Fragen für diese Phase:
  - »Wie wird die Idee verstanden?«
  - »Wie könnte sie noch verstanden werden?«
  - »Gibt es ähnliche Ideen?« (thematische Bündelung)
  - »Lässt sich die Idee variieren?«
  - »Wie sähe eine Vergrößerung der Idee aus?«
  - »Wie sähe eine Verkleinerung der Idee aus?«
  - »Wie sähe das Gegenteil der Idee aus?«
  - »Können bestimmte Ideen miteinander kombiniert werden?«

Dritte Phase: Entscheidungen zur Weiterarbeit treffen

- Die Ergebnisse werden gesichtet und es wird entschieden, mit welchen Ideen weitergearbeitet werden kann. Dazu kann die Methode der Einpunktabfrage eingesetzt werden (→ Kap. 3.5).

Literatur

Lotmar, P. & Tondeur, E. (1999). Führen in Sozialen Organisationen. (6 Aufl.). Bern. S. 223 f.

3.3 Stimmungsbarometer

Das Stimmungsbarometer kann zur Zwischenbilanz innerhalb einer Arbeitsphase, zur Auswertung einer Arbeitseinheit, aber auch zur Abfrage von Voreinstellungen und Erwartungen bezogen auf eine weitere Arbeitseinheit (z. B. einen Elternabend) eingesetzt werden. Mit dem Stimmungsbarometer können die Befindlichkeiten in einer Gruppe sichtbar und damit auch kommunizierbar gemacht werden. Meinungen, Interessen und die aktuellen Stimmungslagen der Eltern werden eingefangen.

Wird der spielerische Charakter der Methode mit der Einführung verdeutlicht, dann kann das Stimmmungsbarometer die Atmosphäre lockern und entkrampfen. Den Eltern wird Gelegenheit gegeben, ihre Stimmungen und Meinungen offen zu legen. Störungen und Konflikte können dadurch erkannt und angesprochen werden. Auf einer Wandzeitung werden die Arbeitsphasen einer Veranstaltung (z. B. Elternabend zum Thema »Konzeption der Einrichtung«) mit einer Bewertung (Skala mit Nummmern oder Symbole) versehen. Anschließend werden die Eltern gebeten, ihre momentane Stimmung mit der Auswahl eines Symbols zu verdeutlichen. In der Auswertung werden die Stimmungen gemeinsam betrachtet und da, wo es notwendig erscheint oder besonders interessiert, gemeinsam besprochen. Ein besonderer Vorteil der Methode liegt in ihrem geringen Zeitaufwand. Sie wird hier für die Zusammenarbeit mit Eltern vorgestellt, ist jedoch für den Einsatz im Team oder mit Kindern ebenfalls gut geeignet.

Zielsetzungen

- In der Gruppe vorhandene Meinungen, aktuelle Stimmungslagen und Erwartungen werden offengelegt.
- Gründe für große Stimmungsunterschiede oder Stimmungstiefs werden gemeinsam erforscht. Anschließend findet ein Austausch über die Situation in der Gruppe und eine Klärung statt.
- Gemeinsam wird erarbeitet, was bei der nächsten Veranstaltung, dem nächsten Treffen der Arbeitsgruppe, dem nächsten Elternabend anders sein sollte und was erhalten bleibt.

Zeitbedarf und Material

Zeitbedarf

- Für die Einführung in die Methode und ihre Zielsetzung sind ca. 3–5 Minuten einzuplanen.
- Für die Durchführung werden wenige Minuten benötigt.
- Die gemeinsame Auswertung im Team kann in wenigen Minuten erfolgen. Werden sehr unterschiedliche Einschätzungen und/oder Konflikte deutlich, dann wird sich die benötigte Zeit deutlich verlängern.

Material

- Stifte oder Klebepunkte
- Plakatpapier oder Flipchartpapier
- Pinnwände oder Flipchartständer

Vorüberlegungen

- Die Methode arbeitet mit Symbolen. Symbole sind Zeichen, die den Zusammenhang zwischen der Wahrnehmung des Innen und des Außen herstellen. Sie verbildlichen Ideen und weisen auf die Mehrdimensionalität der eigenen Wirklichkeit hin. Sie setzen Erfahrungen frei, die durch Gespräche auf der Sachebene kaum zugänglich sind.
- Legt man das Kommunikationsquadrat von Schulz v. Thun mit der Unterscheidung in Sachinhalt, Selbstoffenbarung, Beziehung und Apell zugrunde (Schulz v. Thun 1998, S. 29 f.), dann liegt der Erkenntnisgehalt des Stimmungsbarometers vor allem auf der Ebene der Selbstoffenbarung und Beziehungsdefinition.
- Im Gegensatz zur *Kartenabfrage* (→ Kap. 3.6) kann diese Methode auch bei Personen eingesetzt werden, die ungerne oder unsicher schreiben.

Durchführung

- Das Stimmungsbarometer wird durch die Aufzeichnung einer Tabelle mit Smileys oder mit Wettersymbolen eingerichtet.
- Die Eltern werden gebeten, ihre Stimmungslage in die im Raum aushängende Tabelle einzukleben oder zu zeichnen.

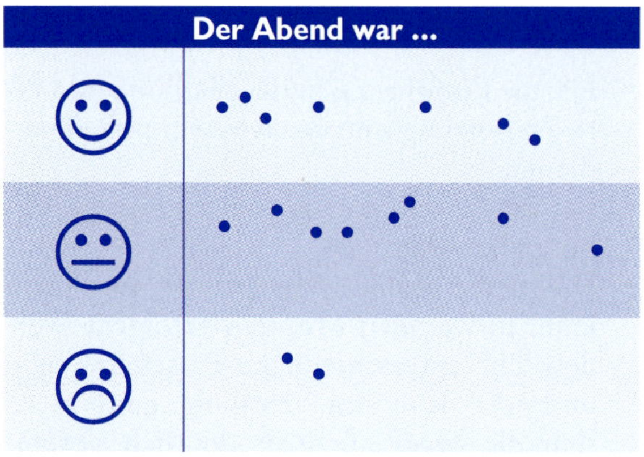

Abb. 8 Beispiel Stimmungsbarometer (Smileys)

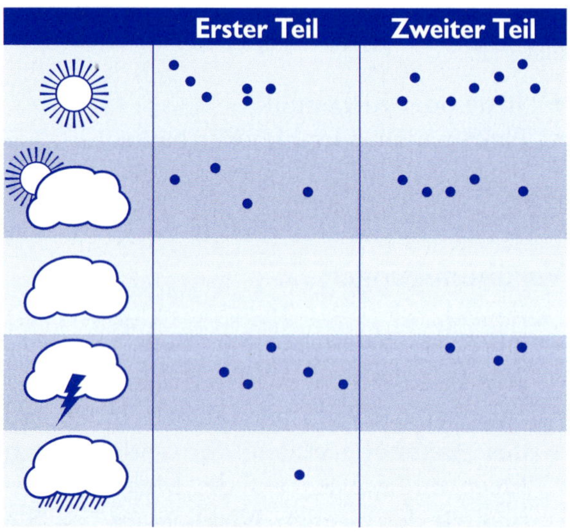

Abb. 9 Beispiel Stimmungsbarometer (Wettersymbole)

- Bei Abstimmungen vor der Gruppe wird durch die fehlende Anonymität die Hürde für kritische Äußerungen erhöht. Darüber hinaus werden spontane und dominantere Menschen durch das Vorgehen mehr gefördert als introvertierte und unsichere Teilnehmer.
- Eine Alternative, die diesen Nachteil vermeidet, besteht darin, jeder Person eine Wetterkarte zu geben und sie um ihre Eintragungen zu bitten. Diese Methode ist jedoch wegen des größeren Zeitaufwands auf kleinere Gruppen (bis zu 12 Personen) beschränkt. In einem weiteren Arbeitsschritt werden die Ergebnisse der einzelnen Wetterkarten auf der großen Karte eingetragen.

Auswertung

- Die Auswertung ist ein zentraler Schritt dieser Methode. Ohne die gemeinsame Interpretation wird nicht deutlich, was sich hinter den Symbolen verbirgt und was sich die Eltern an Veränderungen wünschen.
- Angesetzt wird an dem, was auffällt. Grundsätzlich gilt, dass die Beurteilung der Bedeutung des Stimmungsbarometers von den Eltern vorgenommen wird und die Erzieherinnen sich an der Moderatorenrolle orientieren.
- Die Ergebnisse werden mit dem Ziel durchgesehen, Konsequenzen für die Gestaltung des nächsten Elternabends, die Gestaltung der Treffen des Elternrats usw. zu ziehen.

  Fragen für die Auswertung:
  - »Was fällt Ihnen auf, wenn Sie das Stimmungsbarometer betrachten?«
  - »Stimmt das Ergebnis mit Ihrer Einschätzung der letzten Arbeitsphase überein?«
  - »Was steht hinter den deutlich wahrnehmbaren Wolken?«
  - »Was steht hinter der Sonne?«
  - »Was kann getan werden, damit die Wolken abziehen?«

Literatur

Brauneck, P. & Urbanek, R. & Zimmermann, F. (2000). Methodensammlung, Anregungen und Beispiele für die Moderation, Landesinstitut für Schule und Weiterbildung, Soest (Hg.). (5. Aufl.). Soest. Methode 071

John, R. (1995). Ein Bild sagt mehr als tausend Worte. Symbole in der Supervisison und Beratungsarbeit. Hille. S. 16–19

Schulz v. Thun, F. (1998). Miteinander reden. Störungen und Klärungen. Reinbek bei Hamburg. S. 23–43

3.4 Bienenkorb

Der Bienenkorb ist geeignet, die Einstellungen, Meinungen und Wünsche der Eltern in Erfahrung zu bringen und die Kompetenzen der Eltern für die Entwicklung neuer Lösungen und Handlungsalternativen zu nutzen. Ursprünglich wurde die Methode entwickelt, damit sich auch in großen Gruppen alle Teilnehmenden über das Gehörte unterhalten, eigene Gedanken dazu äußern und mit anderen in einen Diskussionsprozess einsteigen. Sie eignet sich somit gut für einen Einsatz beim Elternabend. Im folgenden wird sie in erweiterter und veränderter Form dargestellt. Die Methode passt in ein Konzept, welches Eltern als Partner betrachtet und deshalb besonders darauf angewiesen ist, deren Erfahrungen und Kompetenzen zu nutzen. Die Vorzüge der Methode liegen darin, dass sie ohne großen Aufwand auskommt, alle Eltern gleichzeitig einbezieht und kommunikationsfördernd wirkt. Nach der ersten Phase, in der ins Thema eingeführt sowie Sachverhalt und Anliegen vorgestellt wird, tauschen sich die Teilnehmenden mit ihren direkten Nachbarn, zu zweit oder zu dritt, aus. Danach werden die Ergebnisse der Kleingruppen im Plenum vorgetragen und visualisiert. Abschließend werden die Ergebnisse gesichtet, diskutiert und ausgewertet.

Zielsetzung

- Eltern – im weiteren Verlauf auch Eltern und Fachkräfte – kommen miteinander ins Gespräch. Alle sind aufgefordert, sich über das Gehörte zu unterhalten, eine eigene Meinung zu entwickeln und sie zu äußern.
- Rückmeldungen zu bestimmten Aspekten der Arbeit (z. B. Konzept, Planung für das nächste Jahr oder Entwicklungen in einem Bereich) werden eingeholt und gemeinsam diskutiert.

Zeitbedarf und Material

Zeitbedarf

- Erste Phase: Einführung in das Thema, ca. 10–20 Minuten
- Zweite Phase: Gespräche in Kleingruppen, ca. 10–20 Minuten
- Dritte Phase: Einbringung der Ergebnisse der Kleingruppen ins Plenum. Der Zeitbedarf berechnet sich aus der Anzahl der beteiligten Kleingruppen. Für jede Gruppe ist mit 3–5 Minuten zu rechnen.
- Vierte Phase: Zusammenstellung der Ergebnisse, Diskussion und Erarbeiten eines Ergebnisses, ca. 30–45 Minuten

Material

- Plakat- oder Flipchartpapier
- schwarze Filzstifte und Papier für jede Gruppe
- je ein schwarzer und roter Filzstift für die Moderation
- Klebepunkte

Durchführung

Erste Phase

- Die Erzieherinnen führen die Eltern in das Thema ein. Dies kann etwa die konzeptionelle Weiterentwicklung eines bestimmten Handlungsbereiches sein (z. B. »Eingewöhnung neuer Kinder«). Die Erzieherinnen stellen ihr Konzept vor und bitten die Eltern, sich in Kleingruppen über ihre Erfahrungen mit und Wünsche an diesen Handlungsbereich auszutauschen. Formulieren Sie dazu eine konkrete Diskussionsfrage (oder mehrere, jedoch nicht mehr als 2–3 Fragen, damit der zeitliche Rahmen nicht gesprengt wird).
  Beispielfragen:
  - »Wie haben Sie die Eingewöhnungssituation bei Ihrem Kind erlebt?«
  - »Was hat Ihnen nicht gefallen, wie hätten Sie es sich gewünscht?«
- Erläutern Sie den Eltern das methodische Vorgehen:
  - Notieren der Arbeitsergebnisse
  - Vortragen der Arbeitsergebnisse im anschließenden Plenum durch einen Gruppensprecher
- Geben Sie den Zeitrahmen und die räumliche Aufteilung für die Kleingruppenarbeit

bekannt (Alle bleiben im Raum und wenden sich mit ihren Stühlen einander zu. Alternativ: Sagen Sie den Eltern, welche Räume (Flure usw.) sie für die Kleingruppenarbeit nutzen können. Beachten Sie, dass Sie dafür mehr Zeit einplanen müssen.).

Zweite Phase

- Die Eltern teilen sich in die Kleingruppen ein. Die Vorgabe, sich jeweils mit dem rechten und linken Nachbarn zusammen zu tun, erspart langes Suchen. Wer übrig bleibt, ordnet sich einer anderen Gruppe zu.
- Die Gruppen bekommen Papier und Filzstifte zum Notieren der Arbeitsergebnisse.
- Kurz vor dem Ende der Arbeitszeit werden die Gruppen gefragt, ob sie in einigen Minuten fertig sein können oder noch etwas mehr Zeit benötigen. Wenn möglich, sollte auf Bedürfnisse nach einer Verlängerung eingegangen und einige Minuten mehr an Arbeitszeit eingeräumt werden.
- Anschließend werden alle Eltern ins Plenum zurück gebeten.

Dritte Phase

- Während der Arbeitsphase der Kleingruppen hängen die Erzieherinnen Flipchart-Papier oder einen Plakatbogen auf.
- Eine Mitarbeiterin übernimmt die Moderation, eine oder zwei andere Kolleginnen schreiben die Ergebnisse mit. Da es nicht leicht ist, im Tempo des Vortrags mitzuschreiben, teilen sich zwei Kolleginnen diese Aufgabe.
- Die Kategorien für die Auswertung ergeben sich in der Regel durch die Fragestellungen.
- Die Aussagen der Eltern werden notiert und stehen nach der Veranstaltung für die weitere Auswertung im Team zur Verfügung.

Variation

- Die Methode ist auch geeignet, um die Eltern bei der Suche nach Lösungen für ein Problem einzubeziehen, etwa wenn es, z. B. aufgrund einer Langzeiterkrankung, einen personellen Engpass gibt, der dazu führt, dass das Konzept der Einrichtung zur Gestaltung des Mittagsessens nicht mehr durchgeführt werden kann.
- Ebenso kann der Bienenkorb eingesetzt werden, um die bisherigen Denkansätze zu erweitern und Alternativen zu entwickeln, etwa bei der Suche nach Ehrenamtlerinnen, die ihre besonderen Fähigkeiten und Kompetenzen in Angebote für die Kinder einbringen.

Literatur

Böttger, I. (2001). Berlin. Hg.: sowi-online e. V., Bielefeld. Verfügbar über: http://www.sowi-online.de/methoden/lexikon/bienenkorb-boettger.htm [Zugriff: 13.07.04].

Brauneck, P. & Urbanek, R. & Zimmermann, F. (2000). Methodensammlung, Anregungen und Beispiele für die Moderation, Landesinstitut für Schule und Weiterbildung, Soest (Hg.). (5. Aufl.). Soest. Methode 004

3.5 Punktabfrage

Bei dieser Methode sollen Meinungen, Stimmungen oder Erwartungen sichtbar gemacht werden. Dazu kleben die Eltern ihre Punkte auf eine Skala oder ein Koordinatensystem zwischen zwei Pole. Dadurch entsteht ein differenziertes Meinungsbild, in das alle unterschiedlichen Positionen eingebunden sind. Im Gegensatz zu mündlichen Abfragen wird verhindert, dass Meinungsführer die Abfrage dominieren. Außerdem kann das Ergebnis zu einem späteren Zeitpunkt nochmals gezeigt und Veränderungsprozesse können aufgezeigt werden. Es können alle anwesenden Eltern gleichzeitig mit einem geringen Zeitaufwand befragt werden.

Punktabfragen gibt es in verschiedenen Formen, die wichtigsten sind die Einpunktabfrage (die Teilnehmenden erhalten einen Punkt) und die Mehrpunktabfrage (die Teilnehmenden erhalten mehrere Punkte). Hier wird die Form der Einpunktabfrage vorgestellt. Zur Gestaltung der Abfrage werden Skalen oder Koordinatenfelder verwendet. Es gibt die Möglichkeit, Skalen und Koordinaten zusätzlich in Stufen einzuteilen, z. B. in sehr groß, groß, mittel, klein, sehr klein oder 1 bis 5. Die Aufteilung in Stufen – sprachliche Kategorien oder Nummerierung – kann besonders dann empfohlen werden, wenn das Punkten anonym erfolgen soll. Bei einer anonymen Punktabfrage schreiben alle Teilnehmer auf einen Zettel, in welche Stufe sie ihren Punkt setzen wollen.

Zielsetzung

- Mit Hilfe der Punktabfrage werden Meinungen, Stimmungen oder Erwartungen der Eltern sichtbar.
- Außerdem zeigt sich, wo die Mehrheitsmeinung liegt und welche Sichtweisen von Minoritäten vorhanden sind.
- Bei manchen Formen wird mit Hilfe der Punktabfrage eine Auswahl aus mehreren Alternativen getroffen.

Zeitbedarf und Material

Zeitbedarf

- Zur Vorbereitung der Skala werden ca. 10 Minuten benötigt.
- Für die Einführung in die Frage und das »Punkten« werden ca. 10 bis 15 Minuten benötigt.
- Das Auswertungsgespräch kann mit 10 bis 20 Minuten veranschlagt werden.
- Für das Zusammenfassen der Ergebnisse und Überlegungen zur Verwendung der Ergebnisse kann mit ca. 15 Minuten gerechnet werden.

Material

- Papier
- Stifte
- Punkte

Vorbereitung

- Überlegen Sie, welche Frage Sie den Eltern stellen wollen.
- Treffen Sie eine Entscheidung über die geeignete Form und bereiten Sie die Skala bzw. das Koordinatenfeld vor.

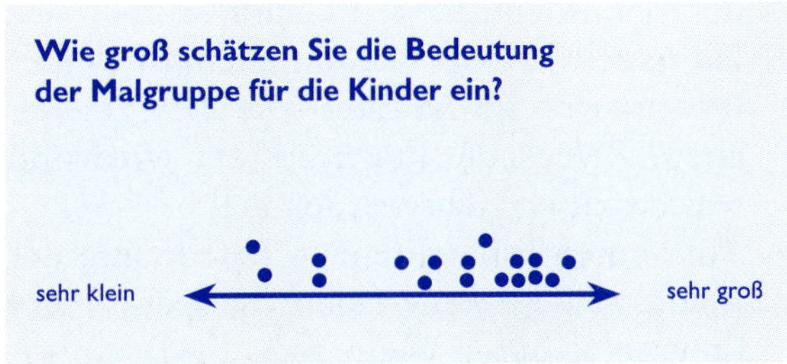

Abb. 10 Beispiel Punktabfrage mit Hilfe einer Skala

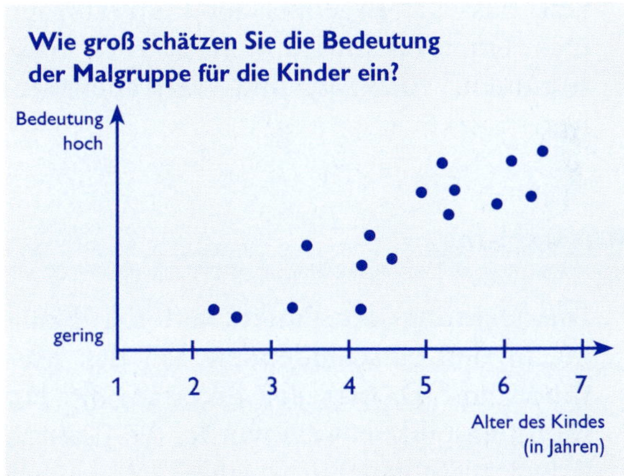

Abb. 11 Beispiel Punktabfrage mit Hilfe eines Koordinatenfeldes

Durchführung

- Die Erzieherinnen erläutern den Eltern, dass sie die Meinungen, Einschätzungen, Erfahrungen der Eltern zu einer bestimmten Frage in Erfahrung bringen möchten.
- Dabei sollte stets auch erwähnt werden, dass die Ergebnisse in Entscheidungen einbezogen werden sollen oder sogar einen maßgeblichen Anteil an der Richtung der Entscheidung haben.
  Beispiele:
  »Wir sind daran interessiert, zu erfahren wie Sie die Bedeutung der Malgruppe für Ihre Kinder einschätzen.«
  »Wir überlegen, das Angebot beim Frühdienst zu verändern und zusätzlich ein

Frühstück anzubieten. Für wie bedeutsam halten Sie das Angebot des Frühstücks zwischen 7.00 und 8.00 Uhr?«
»Wir überlegen, eine Expertin für die Sprachentwicklung von Kindern zu einem Vortrag in die Einrichtung einzuladen. Wie groß ist Ihr Interesse an diesem Thema?«

- Wichtig an der Formulierung der Frage ist deren Eindeutigkeit. Es kann immer nur ein Aspekt erfragt werden, niemals zwei.
- Informieren Sie die Eltern darüber, zu welchem Zweck die Frage gestellt wird und was damit erreicht werden soll.
- Auf keinen Fall sollte eine Beteiligung der Eltern vorgegeben werden, die später nicht umgesetzt wird. Wenn also die Entscheidung des Teams bereits feststeht, werden die Eltern nicht befragt. Wenn Eltern merken, dass das Ergebnis der Punktabfrage nicht einbezogen wird, kommt es zu Frustrationen, Rückzug und Vertrauensverlust.

Auswertung

- Die Deutung der Punkte auf der Skala macht den entscheidenden Teil der Methode aus. Da mit der Punktabgabe ein Meinungsbild deutlich wurde, die Gründe jedoch nicht genannt wurden, geht es nun darum, diese zu klären.
- Dabei kommt der Erzieherin die Rolle der Moderatorin zu. Es geht darum, Fragen zu stellen, Antworten zusammenzufassen, auf die nächste Frage überzuleiten und die Diskussionsergebnisse zusammenzufassen. Die eigene Meinung der Moderatorin darf – jedenfalls zu diesem Zeitpunkt – nicht eingebracht werden.
- Ziel der Auswertung ist es, deutlich zu machen, welche Positionen hinter den einzelnen Punkten stehen. Es geht nicht darum, unterschiedliche Positionen im Detail zu diskutieren und Einigkeit zu erzielen.
- Für die Interpretation wird die Skala in verschiedene Bereiche zerlegt. Es können keine allgemein gültigen Regeln für die Frage formuliert werden, mit welchem Bereich begonnen werden sollte. Eine Möglichkeit besteht darin, mit »Ausreißerpunkten« zu beginnen, also mit Punkten, die deutlich von der Mehrheitsmeinung abweichen. Dies kann sowohl eine Position sein, die sich sehr stark zum negativen als auch zum positiven Pol orientiert.
- Wird die Minderheitsmeinung gleich zu Beginn angesprochen, so besteht die Chance, zunehmenden Druck auf diese Position zu vermeiden.
- Ein weiterer Bereich sind Punkte, die zunächst unverständlich erscheinen. Sie sollten nicht übersehen werden, sondern erhalten wie alle anderen Positionen die Möglichkeit, ihre Beweggründe darzulegen.
- Die verwendeten Fragen sollen den Selbststeuerungsprozess der Gruppe unterstützen. Sie sollten verständlich, kurz und präzise formuliert sein und sich an die ganze Gruppe richten und nicht an einzelne Personen.
  W-Fragen, z. B.: was, wie, welche, fordern zur Beteiligung heraus und haben eine anregende Wirkung. Sie sind geeignet, neue Informationen in die Gruppe zu bringen. Frau X, die ein bestimmtes Argument eingebracht hat, erfährt welche Bedeutung es für andere Eltern hat. Die anderen erfahren, welche Beweggründe es aus der Sicht von Frau X für das Argument gibt.
  - »Wie könnten Sie diesen Punkt interpretieren?«
  - »Was, vermuten Sie, kann an Argumenten hinter diesem Punkt stehen?«
  - »Welche Sichtweisen haben sich bisher gezeigt?«

Literatur

Deuscher, U. (1996). Moderationsmethode und Zukunftswerkstatt, Grundlagen der Weiterbildung. Neuwied, Kriftel, Berlin. S. 51–53

3.6 Kartenabfrage

Die Kartenabfrage ist eine Methode, mit der Meinungen, Ideen, Erfahrungen und Erwartungen erfasst sowie visualisiert und strukturiert werden. Alle Eltern werden gebeten, ihre Aussagen zu einem Thema stichwortartig auf Karten festzuhalten. Die Karten werden nach dieser Phase aufgehängt, anschließend geordnet und mit Überschriften versehen. Die Schreiberin/der Schreiber der Karten bleibt anonym. Diese beiden Merkmale – alle sind einbezogen und die Aussagen sind zunächst anonym – bilden die Besonderheit dieser Methode. Gruppendynamisch betrachtet, führt die Einbeziehung aller Anwesenden zu einer Aktivierung, es kann sich niemand entziehen und gleichzeitig ist jede Meinung gefragt. Die Eltern erfahren, was die anderen zu einem Thema denken, und entdecken Gemeinsamkeiten und Unterschiede zu ihrer Sichtweise. Für die pädagogischen Fachkräfte entsteht mit dieser Methode ein differenziertes Bild der Sichtweisen der Eltern, das sich sehr gut eignet, um daraus Konsequenzen für die Evaluation der Arbeit abzuleiten. Die Methode der Kartenabfrage wird im Folgenden für die Zusammenarbeit mit Eltern beschrieben. Sie kann jedoch ebenfalls zur Gestaltung von Entwicklungsprozessen im Team verwendet werden. Bei Kindern eignet sie sich besonders gut, wenn es darum geht, ein differenziertes Meinungsbild zu erhalten, das auch kritischen Meinungen und Außenseiterpositionen einen Raum geben will.

Zielsetzung

- Es werden Meinungen, Ideen, Erfahrungen oder Erwartungen der Eltern auf Karten erfasst.
- In weiteren Arbeitsschritten werden die Karten bearbeitet und ausgewertet.
- Aus den Ergebnissen werden Folgerungen für die Arbeit abgeleitet.

Zeitbedarf und Material

Zeitbedarf

- Für die Darstellung des geplanten Ablaufs, die Einführung in Methode und Zielsetzung sind ca. 10–15 Minuten einzuplanen.
- Das Notieren auf Moderationskarten benötigt ca. 10–15 Minuten.
- Die Zeitdauer für das Zuordnen der Karten kann in Abhängigkeit von der Anzahl der Karten geschätzt werden und zwar mit 20–30 Sekunden pro Karte, bei ungeübten Gruppen auch bis zu 50 Sekunden.
- Für die Entwicklung von Oberbegriffen sollten 10–20 Minuten eingeplant werden.
- Die Überlegungen zur Arbeit mit den Ergebnissen können mit ca. 30–45 Minuten eingerechnet werden.

Material

- Moderationskarten
- Schwarze Filzstifte
- Roter Filzstift für die Moderation
- Kategorienkarten (am besten oval)
- Nadeln oder Klebeband zum Befestigen der Karten
- Plakatpapier
- Flipchartpapier
- Pinnwände und Flipchartständer

Voraussetzungen

- Die Kartenabfrage ist, wie alle Verfahren, die Erkenntnisse aus schriftlich fixierten Aussagen ziehen wollen, nur für die Arbeit mit solchen Eltern geeignet, die sicher mit der Schriftsprache umgehen und keine Unsicherheiten beim Schreiben haben. Bei Eltern mit Migrationshintergrund oder Eltern mit geringem Bildungsniveau sollten Methoden eingesetzt werden, die auf schriftliche Aussagen verzichten wie z. B. *Stimmungsbarometer* (→ Kap. 3.3) oder *Bienenkorb* (→ Kap. 3.4).

Durchführung

Erste Phase

- Der Ablauf, die Zielsetzung und die Methode der Kartenabfrage werden den Eltern vorgestellt und die einzelnen Schritte sowie der jeweilige Zeitbedarf erläutert.

- Die Eltern müssen verstehen, warum sie sich mit der Fragestellung auseinandersetzen sollen. Sie werden nur dann intensiv mitarbeiten, wenn in der Einführung deutlich wird, dass die Moderatorinnen die Sichtweise der Eltern erfahren möchten, um daraus Konsequenzen für die pädagogische Arbeit abzuleiten.
- Falls die Eltern mit dem Beschriften der Karten noch nicht vertraut sind, werden ihnen die Beschriftungungsregeln vorgestellt.

Beschriftungsregeln

- Maximal 7 Worte in 3 Zeilen schreiben, denn höchstens 3 Zeilen passen auf eine Karte.
- Nur ein Stichpunkt pro Kärtchen, denn wenn mehr als ein Gedanke aufgeschrieben wird, wird das Sortieren unmöglich gemacht.
- In Halbsätzen schreiben, da sie im Vergleich zu Stichworten das Verständnis erleichtern.
- Damit die Karten, wenn sie aufgehängt sind, von allen gelesen werden können, muss die Größe eines Buchstabens mit Ober- und Unterlängen mindestens 3 cm groß sein.
- Es sollte in Druckschrift mit Groß- und Kleinbuchstaben geschrieben werden. Am besten lässt sich das verdeutlichen, indem Moderationskarten beispielhaft beschriftet werden.

- Die Leitfrage wird genannt und visualisiert, d. h. auf der Pinnwand, auf einem Flipchart oder an der Tafel aufgehängt, z. B. »Wie kann die Situation beim Mittagessen gestaltet werden?«
- Die Eltern schreiben ihre Antworten auf Moderationskarten. Zuvor ist entschieden worden, wieviele Karten die Eltern erhalten. Aus der Anzahl der Teilnehmenden und der Karten bestimmt sich die Gesamtmenge der Karten. Zeitbedarf und Komplexität nehmen mit der Menge der Karten zu. Bei zwanzig Eltern und fünf Karten sind bereits 100 Karten zu bearbeiten!
- Für das Aufschreiben sollten ca. 10 bis 15 Minuten zur Verfügung gestellt werden.

Zweite Phase

- Sobald die Karten beschriftet sind, sammeln die Moderatorinnen die Karten ein und mischen sie, so dass nicht mehr festgestellt werden kann, wer was geschrieben hat. Es muss nicht unbedingt gewartet werden, bis alle fertig sind; wenn die meisten mit dem Schreiben aufgehört haben, kann begonnen werden.
- Die Anonymität der Karten zu gewährleisten, ist besonders dann von Bedeutung, wenn es darum geht, auch kritische Stim-

Wie sollte die Situation beim Mittagessen gestaltet werden?

1	2	3	4
Schöne Atmosphäre schaffen	Erzieherin redet mit den Kindern	Kinder waschen sich die Hände	Essen sollte abwechslungsreich sein
Atmosphäre sollte gemütlich sein	Erzieherin achtet auf Zusammensetzung Tischgruppen	Kinder essen mit den Freunden	Andere Firma ist vielleicht besser
Kleinere Tischgruppen schaffen	Jüngere Kinder brauchen mehr Hilfen	Kinder decken den Tisch und räumen ab	Mehr frischer Salat
Bessere Schalldämmung einbauen	Erzieher sollten für mehr Ruhe sorgen	Die Kinder warten, bis alle an ihrem Tisch fertig gegessen haben	Essen darf nicht teurer werden
Kinder sollten den Raum selbst gestalten	Für mehr Ruhe sorgen	Kinder unterhalten sich	
Raum sollte renoviert werden	Tischregeln sollten kontrolliert werden	Kinder entscheiden, wieviel sie essen	

Abb. 12 Beispiel Kartenabfrage (1. und 2. Phase) zum Thema »Situation beim Mittagessen«

men zu hören und unterschiedliche Meinungen sowie Außenseiterpositionen zu erfahren. Bei einer Verwendung innerhalb einer Selbstevaluation ist die Sicherung der Anonymität also eine wichtige Vorgabe.

- Die ersten Karten werden vorgelesen und auf die Pinnwand, unter die noch nicht beschrifteten, aber bereits nummerierten Kategorienkarten (Oberbegriffe) geheftet. Dabei werden die Eltern gebeten, die Platzierung der Karten (durch Zuruf) anzugeben. Die Karten, bei denen ein inhaltlicher Zusammenhang gesehen wird, werden untereinander gestellt.
- Eine Variante besteht darin, zunächst alle Karten anzuheften und in einem zweiten Schritt, nachdem genügend Zeit zur Ansicht gegeben wurde, mit der Bildung der Zuordnungen zu beginnen. Diese Variante ist besonders bei ungeübten Gruppen zu empfehlen.
- Bestehen unterschiedliche Meinungen über die Zugehörigkeit einer Karte, so müssen die Moderatorinnen die Aushandlung einer Lösung zwischen den Eltern moderieren. Kann keine Einigung erzielt werden, dann wird die Karte zwei unterschiedlichen Kategorien zugeordnet.
- Ist der Inhalt einer Karte unklar, wird die Frage an alle gerichtet, was die Karte bedeuten könnte. Es kann sein, dass die Autorin/der Autor sich daraufhin zu der Karte äußert. Es wird jedoch auch akzeptiert, wenn sie/er anonym bleiben möchte.
- Karten, die das Gleiche aussagen, werden zunächst untereinander und später hintereinander geheftet. Mit Klebepunkten kann die Anzahl gleicher Aussagen sichtbar gemacht werden.

Dritte Phase

- Nachdem eine Anzahl von Karten auf diese Weise vorgestellt wurde, werden nun die Oberbegriffe zu den einzelnen Kategorien gesucht.
- Bitten Sie die Eltern, jeweils zu zweit Vorschläge zu entwickeln. Ihnen werden dazu 5 bis 10 Minuten Zeit eingeräumt.
- Eine Alternative besteht darin, dass die Moderatorin die Vorschläge entwickelt und anschließend mit den Eltern diskutiert. Der Vorteil besteht darin, dass langwierige Diskussionsprozesse zwischen einzelnen Eltern vermieden werden.
- Sind die Oberbegriffe akzeptiert, kann gemeinsam überlegt werden, zu welchem Oberbegriff Ergänzungen gesucht werden sollten.

Wie sollte die Situation beim Mittagessen gestaltet werden?

Raum	Aufgaben Erzieherin	Regeln	Anforderungen Essen
Schöne Atmosphäre schaffen	Erzieherin redet mit den Kindern	Kinder waschen sich die Hände	Essen sollte abwechslungsreich sein
Atmosphäre sollte gemütlich sein	Erzieherin achtet auf Zusammensetzung Tischgruppen	Kinder essen mit den Freunden	Andere Firma ist vielleicht besser
Kleinere Tischgruppen schaffen	Jüngere Kinder brauchen mehr Hilfen	Kinder decken den Tisch und räumen ab	Mehr frischer Salat
Bessere Schalldämmung einbauen	⚡ Erzieher sollten für mehr Ruhe sorgen	Die Kinder warten, bis alle an ihrem Tisch fertig gegessen haben	Essen darf nicht teurer werden
Kinder sollten den Raum selbst gestalten	Für mehr Ruhe sorgen	Kinder unterhalten sich	
Raum sollte renoviert werden	Tischregeln sollten kontrolliert werden	Kinder entscheiden, wieviel sie essen	

Abb. 13 Beispiel Kartenabfrage (3. Phase) zum Thema »Situation beim Mittagessen«

- Je nach der Situation in der Gruppe kann es bei den Zuordnungen zu Spannungen kommen. Diskussionen über einzelne Zuordnungen sollten grundsätzlich zugelassen werden, da die Diskussionsprozesse wichtige Ressourcen für die Bildung eines gemeinsamen Verständnisses bedeuten können. Grenzen ergeben sich, wenn Regeln eines positiven Umgangs miteinander verletzt werden oder die Diskussion zuviel Zeit beansprucht. Können Differenzen nicht beseitigt werden, so kann der nicht akzeptierte Begriff mit einem Blitz markiert werden.

Auswertung

- Ziel der Auswertung ist es, Konsequenzen für die weitere Arbeit zu ziehen. Dazu können auf einem Flipchartbogen Spalten eingezeichnet werden:
  - Was soll konkret verändert werden?
  - Welche Schritte sind dazu notwendig?
  - Wer muss was dazu tun?
- An dieser Stelle kann das Treffen mit dem Ausblick auf die nächsten Schritte der Weiterarbeit und der Ankündigung des nächsten Treffens beendet werden.

Variation – Die Zurufabfrage

Die Zurufabfrage ähnelt vom Verlauf der Kartenabfrage, jedoch werden die Antworten zu der Leitfrage nicht auf Karten notiert, sondern der Moderatorin zugerufen, die sie aufschreibt. Gruppendynamisch betrachtet werden die Teilnehmenden dadurch aktiviert, jedoch wird gleichzeitig – durch die fehlende Anonymität – die Hürde für kritische Äußerungen erhöht. Darüber hinaus werden spontane und dominantere Menschen durch das Vorgehen mehr gefördert als introvertierte und unsichere Teilnehmende. Die fehlende Anonymisierung führt auch dazu, dass sich die Teilnehmenden gegenseitig beeinflussen und die Bandbreite der Antworten dadurch geringer wird. In diesem Nachteil liegt zugleich auch die Stärke der Methode: Sie ist sehr gut geeignet, um Aspekte zusammenzutragen, die den Teilnehmenden schon weitgehend klar sind. Eine solche Situation tritt auf, wenn zu einem Thema miteinander gearbeitet wurde und die wichtigsten Aspekte nochmals zusammengetragen werden sollen. Einsetzbar ist die Methode auch als ritualisiertes Element bei wiederkehrenden Veranstaltungen mit identischer Teilnehmerschaft, etwa bei Besprechungen des Elternbeirats. Hier kann die Zurufabfrage der Gliederung der Tagesordnungspunkte dienen. Eine weitere Möglichkeit zum Einsatz der Zurufabfrage besteht im Aufruf zum Entwickeln von Ideen. Hier wird die Zurufabfrage in der Art eines Brainstormings benutzt.

Die Zurufabfrage benötigt deutlich weniger Zeit als die Kartenabfrage. Es hat sich als günstig erwiesen, die Antworten auf einem vorbereiteten Plakat festzuhalten.

Literatur

Deuscher, U. (1996). Moderationsmethode und Zukunftswerkstatt, Grundlagen der Weiterbildung. Neuwied, Kriftel, Berlin. S. 37–42

3.7 Mind-Mapping

Mind-Mapping ist eine besondere Methode, etwas auf- oder mitzuschreiben. Das können Ideen sein, die eine Gruppe zu einem Thema entwickelt, aber auch Zusammenfassungen von Diskussionen und Vorträgen. Die Methode wurde von Toni Buzan entwickelt, um Gedanken und Ideen aufzuschreiben, ohne sich dabei an eine bestimmte Reihenfolge halten zu müssen. Sie nutzt die assoziativen Strukturen unseres Denkens, indem sie sich an das Hin- und Herhüpfen der Gedanken anpasst. Beim Mind-Mapping wird die Vernetzung und Komplexität von Informationen sichtbar. Es entsteht ein »Baum der Gedanken«, bei dem mit den Haupt-Ästen und den davon abgehenden Zweigen und kleinen Verästelungen die Zugehörigkeit der einzelnen Ideen zueinander deutlich wird. Die Methode aktiviert die Gruppe, regt zum Mitdenken und zu Differenzierungen an. Trotz der Dynamik sind die Ergebnisse anschaulich und gut strukturiert. Die Methode wird hier für die Arbeit mit Eltern vorgestellt, ist aber ebenso im Team und mit Kindern anwendbar.

Zielsetzungen

- Ideen zu einem Thema werden gesammelt und strukturiert.
- Komplexe Zusammenhänge werden deutlich.

Zeitbedarf und Material

Zeitbedarf

- Zur Durchführung eines Mind-Maps sind mindestens 30 Minuten erforderlich. Die Erarbeitung kann unterbrochen und am nächsten Tag fortgesetzt werden.
- Für die Auswertung und die Umsetzung in konkrete Planungen ist mit einem höheren Zeitbedarf zu rechnen.

Material

- Plakatpapier (Mind-Mapping mit einer größeren Gruppe)
- DIN A 3 Papier (Mind-Mapping als Einzelarbeit oder mit kleinen Gruppen)
- Filzstifte (verschiedene Farben)

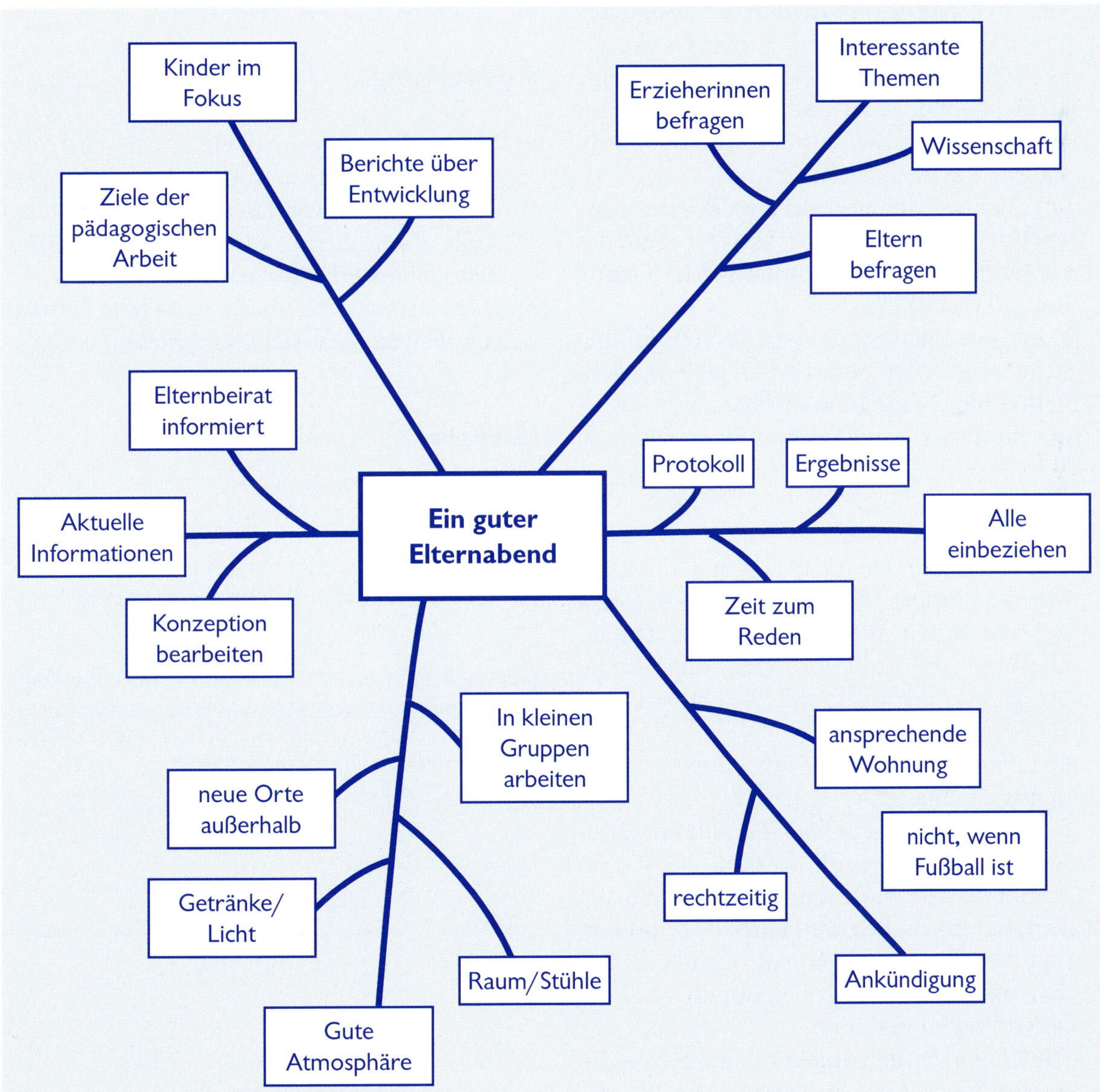

Abb. 14 Beispiel eines Mind-Maps

Durchführung

Erster Schritt

- Die Eltern werden in die Methode eingeführt, indem die Moderatorin auf ein Plakat den Beginn eines Mind-Maps malt und die Regeln darstellt.
- In der Regel ist das Tempo beim Mind-Mapping recht hoch, so dass unter zeitlichem Druck gearbeitet wird. Üben Sie das Zeichnen und Beschreiben von Mind-Maps, bevor es mit einer Gruppe durchgeführt wird, zunächst allein und auf einem DIN A 3 Blatt.
- Die Fragestellung wird umrandet und in die Mitte des Plakats geschrieben.
- Achten Sie darauf, möglichst platzsparend und doch noch gut lesbar zu schreiben.
- Von der Mitte aus gehen die möglichst gleichmäßig verteilten Haupt-Äste ab, die wiederum in Zweige und Nebenzweige verästelt sind. Jeder Ast und Zweig ist mit einem Schlüsselwort (meist einfache Substantive) gekennzeichnet.
- Die Äste werden mit wenigen Wörtern bezeichnet. Sie wachsen stets nach außen, der Umfang des Baums nimmt also zu. (Genug Raum lassen!)
- Zusammengehörende Äste können mit bestimmten Pfeilen oder Farben gekennzeichnet werden. Eine Reihenfolge kann mit einer Nummerierung dargestellt werden.

Zweiter Schritt

- Wenn Sie nur wenig Erfahrung mit dem Mind-Mapping haben, dann teilen Sie sich die Arbeit mit einer Kollegin. Die eine nimmt die Rolle der Moderatorin ein, die andere die Rolle der Zeichnerin und Schreiberin.
- Die Moderatorin führt mit einigen Sätzen in das Thema ein.
- Falls bereits Ergebnisse des letzten Treffens vorhanden sind, werden sie vorgetragen. In dieser Situation kann es günstig sein, bereits zu Beginn Haupt-Äste und einige Verzweigungen einzutragen. Der Gedankenfluss wird so gezielt auf die noch offenen Fragen gerichtet.
- Die Eltern werden angeregt, ihren Assoziationen freien Lauf zu lassen. Alle Ideen – auch sehr ausgefallene oder zunächst unpassend anmutende – sind willkommen und werden notiert.
- Die Gedanken werden in der Reihenfolge eingezeichnet, wie sie kommen. Der Vorzug eines Mind-Maps liegt darin, dass es von der linearen Abfolge befreit.
- Die Gedanken werden in Stichworten aufgeschrieben. Die Moderatorin überlegt, ob der Gedanke zu einem Haupt-Ast passt. Sie kann sich dabei von den Eltern unterstützen lassen, indem sie diese um Vorschläge für die Zuordnung bittet.
- Ein Gedanke kann es auch erforderlich machen, einen neuen Haupt-Ast hinzuzufügen.
- Wichtig ist, dass möglichst kein Gedanke verloren geht und der Gedankenfluss durch das Aufmalen nicht gestört wird.

Auswertung

- Nach der vereinbarten Zeit wird das Mind-Map betrachtet und entschieden, ob das augenblickliche Ergebnis zufrieden stellt. Wenn nicht, kann eine Weiterarbeit beim nächsten Mal vereinbart werden.
- Gemeinsam wird überlegt, welche Schritte zur Weiterarbeit sich anschließen.

Literatur

Feichtenberger, C. & Wechdorn, S. (1997). Mind Mapping für Kinder. (2. aktualisierte Neuaufl.). Wien.

Hertlein, M. (2003). Mind Mapping – Die kreative Arbeitstechnik. (2. Aufl.). Reinbek bei Hamburg. S. 56–62

Lipp, U. & Will, H. (1999). Das große Workshop-Buch. Konzeption, Inszenierung und Moderation von Klausuren, Besprechungen und Seminaren. (3. unveränderte Aufl.). Weinheim und Basel. S. 99–105

3.8 Fish-Bowl

Ein Fish-Bowl oder Innen/Außenkreis-Methode ist ein Verfahren zum Austausch und zur Diskussion von Gruppenarbeitsergebnissen. Fish-Bowl heißt frei übersetzt: Aquarium. Die Anordnung der beiden Gruppen im Innen- und Außenkreis entspricht der Situation von Beobachtern vor einem runden Aquarium: Der Außenkreis beobachtet, was im Innenkreis geschieht. Beim Fish-Bowl werden die Arbeitsergebnisse nicht nacheinander von den jeweiligen Sprechern der Gruppe in das Plenum eingebracht, sondern Vortrag und Diskussion der Gruppenergebnisse erfolgen durch Sprecher in einem Innenkreis. Die übrigen Personen sitzen in einem Außenkreis um den Innenkreis herum und hören zunächst zu, was die im Innenkreis Sitzenden berichten und diskutieren.

Die Vorzüge der Methode liegen darin, dass sie das Einbringen von Gruppenergebnissen lebendig und dynamisch macht. Die häufig zu beobachtende Situation, dass die Berichterstattung aus den einzelnen Arbeitsgruppen als langweilig und nicht motivierend erlebt wird, kann vermieden werden. Gerade in der Zusammenarbeit mit Eltern kann mit Hilfe des Fish-Bowls eine sehr lebendige Diskussion entstehen, in die sich viele einbringen. Die Erzieherinnen erfahren mehr über die Sichtweisen und Gedanken der Eltern, als dies bei den üblichen Verfahren der Fall wäre. Nach einer anfänglichen Scheu entwickelt sich im Innenkreis meistens schnell eine offene und intensive Gesprächsatmosphäre, die es dem Außenkreis leicht macht zuzuhören.

Die Arbeit mit der Methode Fish-Bowl wird hier in der Zusammenarbeit mit Eltern vorgestellt. Sie ist jedoch auch für die Arbeit im Team und mit Kindern geeignet.

Zielsetzungen

- Ergebnisse aus den Kleingruppen (Abwägung von Alternativen und Austausch von Argumenten) werden anschaulich und lebendig eingebracht.
- Die Mitarbeiterinnen erhalten differenzierte Informationen über die Sichtweisen und Gedanken der Eltern zu einem Thema. Unterschiedliche Meinungen und Gruppierungen innerhalb der Elternschaft werden deutlich.

Zeitbedarf und Material

Zeitbedarf

- Für die Einführung in die Methode genügen wenige Minuten.
- Die Dauer der Diskussion im Innenkreis bestimmt sich aus dem Thema und dem Bedürfnis der Teilnehmenden, sollte aber möglichst nicht länger als 30 Minuten betragen, da sonst die Konzentration der Teilnehmerinnen des Außenkreises abnimmt.

Material

- Stühle

Durchführung

Erster Schritt: Kleingruppenarbeit

- Die Eltern werden aufgefordert, in Kleingruppen zu einem Thema zu arbeiten. Zugleich werden sie gebeten, die Ergebnisse der Arbeit in Kleingruppen festzuhalten und einen der zwei Sprecher zu wählen, die nach der Rückkehr in das Plenum aus der Gruppe berichten.
  Beispiele für Themen:
  - Wie soll die Hausaufgabenbetretung in der Einrichtung gestaltet werden?
  - Wie kann die Situation beim Abholen der Kinder verbessert werden?
  - Wie können die Kinder auf den Wechsel in die Grundschule vorbereitet werden?
- Nachdem alle in das Plenum zurückgekehrt sind, werden die Eltern in die Methode Fish-Bowl eingeführt.

Regeln

- Die Personen im Außenkreis hören zu und beobachten. Sie können jedoch auf dem frei-

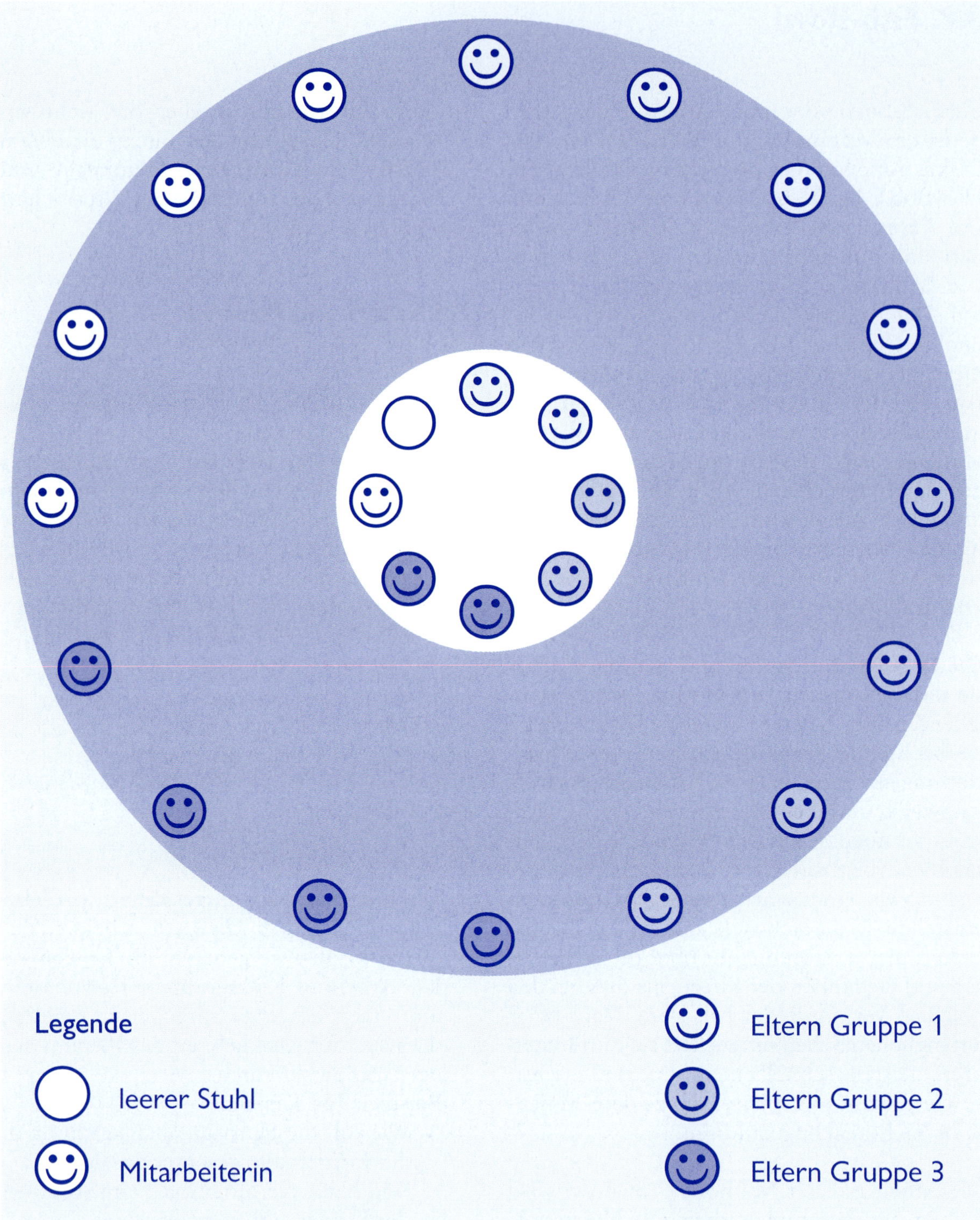

Abb. 15 Fish-Bowl: Innenkreis – Außenkreis

en Stuhl Platz nehmen und ihre Sichtweise einbringen.

- Nimmt eine Person auf dem Stuhl Platz, so sollte der Innenkreis ihr möglichst rasch Redezeit geben.
- Nachdem ihr Redebeitrag beendet ist, geht sie zurück in den Außenkreis.

Zweiter Schritt: Ergebnispräsentation im Plenum mit der Methode Fish-Bowl

- Anschließend wird eine Person aus jeder Gruppe gebeten, in einem inneren Sitzkreis in der Mitte des Raumes Platz zu nehmen.
- Bei größeren Gruppen (ab 20 Personen), können auch zwei Sprecher pro Gruppe

offeriert werden. Berichten die Eltern zu zweit, so fühlen sie sich in der Regel sicherer.

- Ein Mitglied aus dem Moderatorenteam bleibt im Innenkreis, ein zweites Teammitglied hält den Kontakt zum Außenkreis.
- Ein zusätzlicher freier Stuhl wird für eine weitere Teilnehmerin in den Innenkreis gestellt.
- Die übrigen Eltern und die Mitarbeiterinnen bilden den äußeren Sitzkreis.
- Die Gruppensprecher tragen nun die Diskussionsergebnisse aus ihren Gruppen vor.
- Es gibt keine Regel zur Reihenfolge der Beiträge. Die Eltern des Innenkreises regeln selbständig, wer beginnt.
- Wer zu den Äußerungen etwas ergänzen möchte oder eine widersprüchliche Ansicht vortragen will, kann seinen Beitrag direkt an den vorherigen Beitrag anschließen.
- Auch aus dem Zuhörerkreis können sich Eltern beteiligen. Wer etwas zu der Diskussion im Innenkreis äußern möchte, setzt sich auf den leeren Stuhl und bringt seinen Beitrag vor.
- Anschließend geht die Person wieder in den Außenkreis zurück.

Auswertung

- Die Moderatorin beendet diese Phase, wenn sie den Eindruck hat, dass die Spannung abnimmt und/oder Teilnehmer anfangen, sich zu wiederholen.
- Durch die Ankündigung: »In fünf Minuten wird die Diskussion beendet, Sie haben nun die Gelegenheit zu jeweils einem Beitrag.«, haben die Eltern noch die Möglichkeit zu letzten Aussagen.
- Nachdem die Stühle wieder in den Kreis eingeordnet sind, wird die Methode gemeinsam reflektiert. Dazu eignet sich z. B. die Methode *Blitzlicht* (→ Kap. 3.1).

Varianten

- Der Innenkreis kann zu einer Teambesprechung genutzt werden, indem für jede Gruppe eine Mitarbeiterin über die Arbeit in der letzten Woche berichtet.
- Mit den Kindern kann die wöchentliche Kinderkonferenz in dieser Weise gestaltet werden, indem die Sprecher aus den einzelnen Gruppen im Innenkreis berichten.

Literatur

Peterßen, W. H. (1999). Kleines Methoden-Lexikon. (1. Aufl.). München. S. 38–40

3.9 Fragen zur Einschätzung der Zusammenarbeit

Mit Hilfe eines Fragebogens, der Eltern und Erzieherinnen jeweils aus ihrer Perspektive befragt (→ Kopiervorlagen 8 und 9 im Anhang), werden wichtige Haltungen, Einstellungen und Handlungen der pädagogischen Fachkräfte reflektiert. Zunächst setzt sich jede Erzieherin mit den Fragen auseinander. Die Selbsteinschätzung gibt eine Grundlage, auf der die Auseinandersetzung mit den Antworten der Eltern zu den gleichen Fragen erfolgt. Die Antworten der Eltern spiegeln die Fremdperspektive wieder. Die besonderen Möglichkeiten dieser Methode liegen in der Koppelung von Selbst- und Fremdperspektive und den Chancen, die in der differenzierten Aufarbeitung von Übereinstimmungen und Differenzen liegen.

Zielsetzungen

- Es werden Übereinstimmungen und Differenzen in den Einschätzungen der Erzieherinnen und der Eltern herausgearbeitet.

- In weiteren Arbeitsschritten werden daraus Folgerungen für die pädagogische Arbeit abgeleitet.

Zeitbedarf und Material

Zeitbedarf

- Für die Auseinandersetzung mit den Fragen können 10 bis 20 Minuten eingeplant werden. Häufig ist der Zeitbedarf von Person zu Person sehr verschieden. Arbeiten Sie deshalb mit einem Zeitpolster.
- Für die Vorbereitung der Eltern kann einschließlich der Rückfragen mit 20 bis 30 Minuten gerechnet werden.
- Nach der Rückgabe der Bögen beginnt die zeitintensivste Phase. In jedem Fall ist für die Aufbereitung der Ergebnisse, die Diskussion im Kolleginnenkreis und die Gespräche mit den Eltern mit mehreren Stunden zu rechnen.

Material

- Fragebögen in ausreichender Anzahl
- Plakatpapier oder Flipchartpapier zur Visualisierung der Ergebnisse
- Pinwände und Flipchartständer

Voraussetzungen

- Die Bereitschaft zur intensiven Zusammenarbeit mit den Eltern, zur Offenheit und Transparenz sowie eine angstfreie Atmosphäre im Team sind Grundvoraussetzungen, um ehrliche, differenzierte und somit brauchbare Antworten zu bekommen.
- Übung im Umgang mit Feedback-Regeln

Durchführung

Erster Schritt: Perspektive der Erzieherinnen einholen

- Das Blatt zur Selbsteinschätzung wird an alle Teammitglieder mit der Bitte verteilt, die Einschätzung zunächst für sich alleine vorzunehmen und sie zur nächsten Teamsitzung mitzubringen.
- Es wird ein Plakat vorbereitet, auf dem die Fragen und die Einschätzungen aufgeschrieben sind.
- Nacheinander stellen die Kolleginnen nun ihre Einschätzung vor.
- Diejenige, die das Gespräch moderiert, klebt Punkte in die entsprechenden Zeilen.
- Wenn alle Kolleginnen ihre Einschätzung mitgeteilt haben, ist zugleich ein differenziertes Gesamtbild entstanden.
- Die beiden offenen Fragen zum Schluss werden auf einem weiteren Plakat notiert. Auf die eine Seite werden die Aspekte geschrieben, die als besonders gelungen angesehen werden, auf die andere Seite das, was noch wünschenswert wäre.
- In einem nächsten Arbeitsschritt werden Folgerungen aus der Sicht des Teams für die weitere Arbeit in diesem Bereich abgeleitet.

Zweiter Schritt: Perspektive der Eltern einholen

- Bereiten Sie die Eltern auf den Fragebogen vor, indem sie mit den Eltern über Ihre Absichten und die Auswertung des Bogens reden.
- Beziehen Sie die Vertreter des Elternrates in die Vorbereitungen ein.
- Gestalten Sie zusätzlich einen Elternabend zu diesem Thema.
- Hängen Sie in der Einrichtung einen Kasten auf, in den die Eltern die ausgefüllten Bögen einwerfen können.
- Kündigen Sie einen Elternabend zur Diskussion der Ergebnisse bereits bei der Verteilung der Bögen an.
- Planen Sie die Zeit zur Auswertung der Bögen ein und versuchen Sie, eine zeitnahe Bearbeitung zu realisieren.

Auswertung der Ergebnisse

Erster Schritt – Besprechung der Ergebnisse im Team

- Zur Besprechung der Ergebnisse im Team sollten Sie die Ergebnisse der Selbstbefragung und die Ergebnisse der Elternbefragung auf Plakaten präsentieren, so dass Übereinstimmungen und eventuelle Differenzen für alle deutlich sichtbar werden.

- Überlegen Sie zunächst im Team, welche Folgerungen Sie aus den Ergebnissen ziehen.
- Erstellen Sie auf einer der nächsten Sitzungen Zielsetzungen für die Gestaltung der Elternarbeit.

Zweiter Schritt – Besprechung der Ergebnisse mit den Eltern

- Stellen Sie die Ergebnisse der Befragung den Eltern vor.
- Informieren Sie die Eltern über die Gemeinsamkeiten und Differenzen in der Einschätzung der Elternarbeit.
- Stellen Sie Ihre Überlegungen zur Umsetzung der Wünsche der Eltern an die Einrichtung vor.
- Sprechen Sie mit den Eltern darüber, welche Wünsche der Eltern aus Ihrer Sicht umsetzbar sind und welche nicht realistisch scheinen.
- Formulieren Sie Wünsche, die Sie zur Verbesserung der Zusammenarbeit an die Eltern haben.
- Vereinbaren Sie einen nächsten Elternabend z.B. in einem halben Jahr, in dem über die Umsetzung der gewünschten Veränderungen gesprochen wird.
- Halten Sie die Ergebnisse schriftlich fest, damit sie bei weiteren Arbeitsschritten und Folgeaktivitäten darauf zurückgreifen können.

Literatur

Hanstein-Moldenhauer, K. & Sickinger, M. (1999). Fragebogen zur Selbst- und Fremdeinschätzung in der Zusammenarbeit mit Eltern. Unveröffentlichtes Arbeitsmaterial. Bremen.

3.10 Fragebögen – Hinweise zur Planung, Durchführung und Auswertung

Fragebögen eröffnen die Chance, eine Rückmeldung der Eltern zu wichtigen Bereichen der Arbeit zu erhalten und die Zufriedenheit der Eltern mit den Angeboten in Erfahrung zu bringen. Daraus können wichtige Erkenntnisse für die Weiterentwicklung der pädagogischen Arbeit gewonnen werden.

Mit einem selbstkonstruierten Fragebogen kann es nicht um den Anspruch gehen, eine objektive Messung der Qualität der Einrichtung und der Mitarbeiterinnen durchzuführen. Vielmehr wird der Fragebogen hier eingesetzt, um ein Feedback der Eltern einzuholen. Die Ergebnisse können vor diesem Hintergrund verstanden und interpretiert werden.

Zielsetzung

An den Ergebnissen der Befragung werden Intention und Wirkung des jeweiligen pädagogischen Angebots überprüft (Schema zur Planung und Vorbereitung von Befragungen → Kopiervorlage 10 im Anhang). Daraus leiten sich Konsequenzen für die weitere Gestaltung des Angebots ab.

Voraussetzungen

- Der Einsatz eines Fragebogens als Feedbackinstrument ist nur dann sinnvoll, wenn im Team die Bereitschaft besteht, sich mit den Rückmeldungen der Eltern intensiv auseinanderzusetzen und Konsequenzen für die eigene Weiterentwicklung abzuleiten.
- Notwendig ist auch die Bereitschaft der Eltern, den Fragebogen als Feedbackinstrument zu akzeptieren und ebenfalls offen für Veränderungen zu sein.

Vorbereitung

Eltern vorbereiten

- Klären Sie im Team, was Sie von den Eltern wissen wollen und wählen Sie Ihre Fragen entsprechend aus.
- Vermitteln Sie den Eltern auf einem Elternabend das Anliegen der Befragung. Wozu dient sie, was wird mit den Antworten gemacht? Wie und bis wann werden die Ergebnisse an die Eltern zurückgemeldet?
- Erläutern Sie den Eltern, dass Sie mit der Befragung mehr über die Situation und Bedürfnisse der Eltern erfahren wollen, mit dem Ziel, dies in der pädagogischen Arbeit zu berücksichtigen. Weisen Sie auch auf die Bereitschaft der Mitarbeiterinnen hin, mit kritischen Äußerungen der Eltern konstruktiv umzugehen.
- Bedenken Sie, dass Sie die Kenntnis pädagogischer Fachbegriffe bei den Eltern nicht voraussetzen können. Formulieren Sie die Fragen eindeutig und leicht verständlich.
- Bemessen Sie den Zeitrahmen so, dass den Eltern genügend Zeit für die Beantwortung und Rückgabe des Fragebogens zur Verfügung steht (etwa zwei Wochen). Legen Sie den letztmöglichen Rückgabetermin bereits zu Beginn der Befragung fest und teilen Sie ihn den Eltern mit.
- Die Anonymität der Eltern wird sichergestellt, indem z. B. die Rückgabe in verschlossenen Briefumschlägen geschieht oder/und der Einwurf in einen Kasten im Flur der Einrichtung vereinbart wird.

Fragebogen vorbereiten

- Ausgangsfragestellung entwickeln
  - Formulieren Sie eine präzise Ausgangsfragestellung, aus der Sie die Fragen für den Fragebogen ableiten.
    Beispiel:
    Wie zufrieden sind die Eltern mit der Hausaufgabenbetreuung, die in der Einrichtung angeboten wird?
- Regeln für die Fragebogenerstellung:
  - Der Aufbau des Fragebogens ist übersichtlich.
  - Er hat optisch eine klare Gliederung.
  - Die verwendete Schrift ist ausreichend groß.
  - Mit Hervorhebungen wird sparsam und einheitlich umgegangen.
  - Bereits existierende Fragebögen können als Vorlage verwendet und an die eigene Fragestellung angepasst werden.
  - Der Fragebogen ist möglichst kurz, damit die Eltern nicht abgeschreckt werden. Ein bis höchstens drei Seiten sind eine akzeptable Länge.
  - Die Auswahl der Fragen und ihre Anordnung entsprechen dem Ziel der Befragung genau.
  - Die Antwortvorgaben sind verständlich und angepasst an den Lebenshintergrund der Befragten formuliert.
- Frageformen:
  Offene und geschlossene Fragen
  Offene Fragen enthalten keine Antwortvorgaben. Sie können beispielsweise verwendet werden, wenn
  - Genaueres über die Meinungen und Einstellungen der Eltern in Erfahrung gebracht werden soll,
  - Informationen über den Hintergrund der einzelnen Eltern erfasst werden sollen und
  - bisher wenige Informationen über die Eltern vorliegen und somit keine geeigneten Antwortvorgaben möglich sind.

  Offene Fragen geben oft breite Informationen, deren Auswertung viel Zeit in Anspruch nimmt. Kalkulieren Sie das bei der Auswahl der Fragen mit ein.
  Geschlossene Fragen geben die Antworten zur Auswahl vor. Die Antwortvorgaben sollten begrenzt werden – zum Beispiel auf vier Alternativen, damit der Überblick nicht verloren geht. Geschlossene Fragen setzen Informationen über den zu befragenden Inhalt und die Befragten voraus, damit die Antwortvorgaben deren Einstellungen bzw. Interessen entsprechen.

  Alternativfragen
  Zwei Antwortmöglichkeiten sind gegeben, von denen eine auszuwählen ist.

Junge	❐	❐	Mädchen
Ja	❐	❐	Nein
Stimme zu	❐	❐	Stimme nicht zu

Was ist Ihnen am Angebot unserer Einrichtung besonders wichtig? Bezeichnen Sie das, was Ihnen am Wichtigsten ist, mit einer 1, das Zweitwichtigste mit einer 2 usw. (Zahlen von 1–5)	
Freizeitgestaltung: Spiel, Sport, Bewegung	
Musisch-gestalterische Angebote	
Technisch-handwerkliche Angebote	
Hausaufgabenbetreuung	
Umgang mit Medien	

Abb. 16 Beispiel Zahlenskala

Wie wichtig waren folgende Gründe für Sie, Ihr Kind in eine Kindertageseinrichtung zu geben?

	unwichtig (1)	(2)	(3)	(4)	sehr wichtig (5)
1. Mehr Zeit für eigene Verpflichtungen und Interessen zu haben	☐	☐	☐	☐	☐
2. Die Möglichkeit, berufstätig zu sein	☐	☐	☐	☐	☐
3. Dem Kind eine möglichst umfassende Förderung zu bieten	☐	☐	☐	☐	☐
4. Die Notwendigkeit, Geld zu verdienen	☐	☐	☐	☐	☐

Abb. 17 Beispiel Schätzskala

- Der Vorteil von Alternativfragen liegt in der guten Auswertbarkeit. Auch bei einer großen Anzahl von Fragebögen können die Ergebnisse rasch zusammengetragen werden.
- Der Nachteil liegt in der begrenzten Aussagekraft, denn nur einfache Fragen können mit dieser Frageform erfasst werden.

Auswahlfragen
Mehrere Alternativen werden zur Auswahl angeboten.

Welche Angebote sind in Ihrer Situation besonders wichtig?

❒ Betreuung von Kindern unter 3 Jahren

❒ Betreuung von Kindern von 3–6 Jahren

❒ Betreuung von Kindern von 6–12 Jahren

Rangfolgen (Skalierungen)

- Rangfolgen mit Zahlen (Zahlenskala) (→ Abb. 16):
  Eine Bewertung ist vorzunehmen von 1 bis 5. Die Einschätzung erfolgt zwischen zwei vorgebenen gegensätzlichen Polen.
- Rangfolgen mit Begriffen (Schätzskala) (→ Abb. 17):
  Eine Bewertung ist mit Begriffen vorzunehmen, z. B. sehr gut – nicht gut, stimmt genau – stimmt nicht, wichtig – unwichtig. Die Einschätzung erfolgt zwischen zwei vorgegebenen gegensätzlichen Polen.
  Der Vorteil der Schätzskala liegt darin, dass differenzierte Antworten vorgeben werden können, die die Eltern durch die Skalierung bewerten und die gut ausgewertet werden können. Bei der Auswertung ist jedoch zu beachten, dass die

Einschätzungen nicht unbedingt sehr präzise sind. Je abstrakter und differenzierter die Antwortvorgaben sind, desto größer ist die Gefahr, dass die Befragten mit ihren Antworten nicht dassselbe meinen.

- Regeln der Fragekonstruktion
  - In jeder Frage kann nur ein Sachverhalt behandelt werden.
    Beispiel:
    Falsch: Wie gefällt Ihnen der Eingangsbereich der Einrichtung, und welche Verbesserungsvorschläge haben Sie?
    Richtig: 1. Wie gefällt Ihnen unser Eingangsbereich?

    ❒ gut
    ❒ nicht so gut
    ❒ gar nicht
    ❒ weiß nicht

    2. Welche Verbesserungsvorschläge haben Sie?
  - Es werden keine Suggestiv- oder Unterstellungsfragen formuliert.
    Beispiel:
    Falsch: Finden Sie nicht auch, dass unser Tag der offenen Tür gelungen war?
    Richtig: Wie hat Ihnen der Tag der offenen Tür gefallen?
  - Zusätzliche Kategorie bei Antwortvorgaben:
    Bei Fragen mit Antwortvorgaben wird darauf geachtet, dass eine zusätzliche Kategorie angeboten wird, die eine andere Antwort als die vorgegebenen zulässt. Diese zusätzliche Kategorie kann man z. B. mit »Sonstige«, »trifft alles nicht zu, weil ...«, »weiß nicht« benennen.

Durchführung der Befragung

- Eine Erprobung des Fragebogens an Eltern, die nicht zur Einrichtung gehören, ist sinnvoll. Die Rückmeldungen können helfen, unverständliche Fragen auszuwechseln und die Antwortvorgaben zu erweitern.
- Zusätzlich zu den bereits auf dem Elternabend gegebenen Informationen zum Ziel der Befragung, dem Umgang mit den Ergebnissen und dem Zeitraum für die Abgabe des Fragebogens erhalten die Eltern diese Informationen in Kurzform in einem Schreiben, das dem Fragebogen beiliegt.
- Installieren Sie den Briefkasten oder deponieren Sie an einem festen Ort (z. B. im Büro) eine Kiste, in der Sie die zurückgegebenen Umschläge mit den Antworten sammeln.

Welche Formen der Zusammenarbeit sollten verstärkt oder neu eingeführt werden?
(Mehrere Antworten sind möglich)

Form der Zusammenarbeit	verstärkt	neu eingeführt
Elternabende		
Einzelgespräche nach Vereinbarung		
Tür- und Angelgespräche		
Informationsbriefe		
Gemeinsame Ausflüge		
Eltern-Kind-Nachmittage		
Hausbesuche		
Gemütliche Zusammenkünfte		
Elterngesprächskreis		
Sonstige:		

Abb. 18 Beispiel Antwortvorgaben

Auswertung der Fragebögen

Allgemeine Überlegungen

- Es gibt viele unterschiedliche grafische und tabellarische Darstellungsmöglichkeiten für die Ergebnisse. Bereits relativ früh sollte entschieden werden, wie die Fragebögen ausgewertet und die Ergebnisse präsentiert werden sollen, damit Befragung und Auswertung methodisch zusammenpassen.
- In die Auswertung werden alle beantworteten Fragebögen einbezogen. Dazu muss zuvor kontrolliert werden, ob die abgegebenen Bögen ausgefüllt sind. Leere oder unvollständig ausgefüllte Bögen können nicht berücksichtigt werden.
- Die Fragebögen werden durchnummeriert. Die Gesamtzahl der Bögen wird notiert.
- Es wird eine Tabelle erstellt, in die die Ergebnisse eingetragen werden.
- Bei der Auswertung ist zu berücksichtigen, wie viele der Fragebögen zurückgekommen sind. Am sichersten ist es, die Anzahl der nicht zurückgekommenen Fragebögen mit in die Berechnungen und die Auswertungsgrafik aufzunehmen.
- Rechnet man in Prozentzahlen, dann sind auch die Prozente der nicht ausgefüllten Fragebögen anzugeben. Die Eltern haben dann zwar keine Angaben gemacht, sie sind jedoch trotzdem Teil der Einrichtung und Entscheidungen, die man aufgrund der Befragung trifft, müssen auch für diese Eltern stimmig sein.

Beispiel:
In einer Einrichtung sind nur die Hälfte der Fragebögen zurückgekommen. Das bedeutet, dass sich nur 50 % der Eltern zu der Frage nach der Ferienbetreuung geäußert haben. Davon wollen 35 % eine Betreuung der Kinder in den Ferien, 15 % wollen keine Ferienbetreuung. Bei einem solchen Ergebnis ist es ratsam, die Entscheidung über die Ferienbetreuung nicht allein aufgrund der Ergebnisse des Fragebogens zu beschliessen, sondern die übrigen Eltern nochmals gezielt zu diesem Thema zu befragen.

Auswertung der offenen Fragen

- Offene Fragen enthalten häufig sehr wertvolle Rückmeldungen. Um diesen Schatz zu heben, sollten zunächst alle Antworten sehr sorgfältig durchgelesen werden. Am besten geschieht dies mehrfach und durch zwei Kolleginnen.
- Anschließend wird das Material nach Kategorien (Themen) geordnet. Auch hier ist es wichtig, dass dieser Vorgang von zwei Kolleginnen durchgeführt wird, die ihre Ergebnisse austauschen und gemeinsam eine Sammlung von Kategorien erstellen.
- Zur weiteren Bearbeitung wird eine Zusammenschau aller Antworten zu einer Kategorie erstellt. Dazu werden die Antworten jeweils einer Kategorie zugeordnet.
- Je nach Anzahl der Antworten und der Art der Fragen kann es sinnvoll sein, in einer

Frage: Wie sieht eine gute Hausaufgabenbetreuung aus? (25 Fragebögen)	
Kategorien	Anzahl der Nennungen
Unterstützung beim Lesen	3
Diktat üben	6
Hausaufgaben kontrollieren	20
Zum selbständigen Arbeiten anleiten	14
Engen Kontakt mit den Lehrkräften halten	15
Auf die Arbeitszeit achten	5
Für ruhige Arbeitsatmosphäre sorgen	12

Abb. 19 Beispiel Auswertung offener Fragen – Häufigkeit der Nennungen

Kategorien	Was gefällt	Was stört
Außengelände		
Mittagessen		
Hausaufgaben		
Freizeitgestaltung		

Abb. 20 Beispiel Auswertung offener Fragen – Differenzierung der Kategorien

Tabelle festzuhalten, wie häufig die einzelne Kategorie genannt wurde (→ Abb. 19).

- Eine weitere Möglichkeit besteht darin, zu jeder Kategorie zwei Listen zu erstellen und aufzuschreiben, was die Eltern stört und was ihnen gefällt (→ Abb. 20).

Auswertung der geschlossenen Fragen

- Antwort-Schwerpunkte
  Typische Fragen, die bei einer solchen Auswertung bearbeitet werden, sind z. B.: Stimmen die Befragten einem Vorschlag mehrheitlich zu oder nicht?
  Beispiele:
  »Soll die Zeit für die Hausaufgabenbetreuung um 30 Minuten verlängert werden?«

  ❒ ja ❒ nein
  ❒ 30 Minuten pro Tag
  ❒ 60 Minuten pro Tag
  ❒ 90 Minuten pro Tag

  »Welche Form der Zusammenarbeit soll häufiger stattfinden?«

  ❒ Elternabende
  ❒ Eltern-Kind-Nachmittage
  ❒ gemütliche Zusammenkünfte

  Dazu wird ausgezählt, wie häufig die vorgegebenen Antwortalternativen gewählt worden sind; zur besseren Anschaulichkeit und Vergleichbarkeit werden die Häufigkeiten anschließend in Prozentsätze umgerechnet.
- Bedeutung der Häufigkeit
  Bei vielen Fragestellungen ist es nicht angemessen, sich auf diejenige Antwortalternative zu konzentrieren, die am häufigsten genannt wurde.
  Beispiel:
  Es kann nicht die Lösung sein, die Öffnungszeiten zu realisieren, die 40 % der Eltern wünschen. Die Aufgabe wird darin bestehen, unter Berücksichtigung der zur Verfügung stehenden Ressourcen diejenigen Öffnungszeiten anzubieten, die dem Bedarf möglichst vieler Eltern entsprechen. Dazu werden alle vorgegebenen Alternativen ausgezählt und die prozentualen Häufigkeiten (z. B. in Tabellenform) zusammengestellt.
- Zusammenhänge zwischen den Antworten herstellen
  Informativ, aber aufwendig ist es, Zusammenhängen zwischen den Antworten auf verschiedene Fragen nachzugehen.
  Beispiel:
  Bei einer Elternbefragung wurde sowohl die Zufriedenheit der Eltern mit der Einrichtung als auch das Alter des jeweiligen Kindes erhoben. Es stellt sich die Frage, ob diese beiden Dinge miteinander zusammenhängen, z. B. in dem Sinn, dass die Eltern umso weniger zufrieden sind, je älter das Kind ist.
  Um Zusammenhänge zwischen zwei Angaben (Variablen) zu prüfen, wird die Gesamtstichprobe anhand der einen Variable (im Beispiel das Alter) in Teilstichproben zerlegt, für jede Teilstichprobe wird anschließend die Verteilung in der anderen Variablen ausgezählt (im Beispiel: Wie zufrieden sind die Eltern der 5jährigen Kinder, der 6jährigen usw.). Die Prozentangaben können dann verglichen werden. Dies könnte im genannten Beispiel vielleicht zu diesem Ergebnis führen: Von den Eltern 6jähriger Kinder sind 70% zufrieden, von den Eltern 9jähriger Kinder nur 40%. Sind also signifikante Unterschiede in der Zufriedenheit der Eltern in den verschiede-

nen Alterstufen vorhanden, so kann man davon ausgehen, dass es einen Zusammenhang zwischen der Zufriedenheit der Eltern und dem Alter des Kindes gibt.

Veränderungen bei Befragungswiederholungen

- Eine Befragungswiederholung nach einem gewissen zeitlichen Abstand kann wichtige Aufschlüsse geben: Haben sich die Erwartungen von Eltern verschoben? Ist die Zufriedenheit mit einem bestimmten Angebot gestiegen oder vielleicht gesunken?
- Vergleiche zwischen Befragungsergebnissen setzen voraus, dass die gleichen Fragen gestellt wurden. Ist dies der Fall, können Antwortverteilungen verglichen werden. Sollen die Häufigkeiten in Prozentwerte umgerechnet werden, dann ist dies auch dann möglich, wenn die Anzahl der Befragten unterschiedlich war.

Bewertung der Ergebnisse und Handlungsplanung

Auswertung im Team

- In dieser Arbeitsphase geht es darum, die Daten in inhaltliche Zusammenhänge zu bringen und daraus Schlussfolgerungen zu ziehen.
- Die Ergebnisse werden von einigen Kolleginnen – evtl. mit Unterstützung von Experten – so aufbereitet, dass Tabellen und Grafiken entstehen. Danach werden die Ergebnisse im Team diskutiert und Konsequenzen abgeleitet.
  - Die Ergebnisse werden so vorgestellt, dass alle einen ersten Eindruck haben.
  - Es werden Kleingruppen gebildet, die jeweils einen Teil der Ergebnisse erhalten (z. B. eine Gruppe erhält die Aussagen zur Hausaufgabenbetreuung, eine andere die zur Freizeitgestaltung, eine dritte die offenen Fragen usw.), um sich intensiver damit auseinander zu setzen.
  - Jede Gruppe setzt sich mit den Ergebnissen auseinander, bewertet sie und hält die Auswertungsergebnisse schriftlich fest.

    Auswertungsfragen:

    Welche Ergebnisse haben am meisten überrascht?

    Welche Vermutungen gibt es über die Hintergründe?

    Welche Ergebnisse wurden so erwartet, wie sie sich in der Auswertung zeigen?

    Was bedeuten die Ergebnisse aus der Sicht der Einzelnen?

    Welche weiteren Informationen werden benötigt? In welcher Form können diese erhoben werden?

    Was bedeuten die Ergebnisse für die Zusammenarbeit mit den Eltern und insgesamt für die pädagogische Arbeit?
  - Die Ergebnisse aus den Kleingruppen werden im Plenum vorgestellt und miteinander in Beziehung gesetzt. Diese Phase ist entscheidend, denn das Team muss nicht nur eine abschließende interne Bewertung leisten, sondern es muss auch einvernehmlich darüber entscheiden, welche Informationen an die Eltern rückgemeldet werden, in welcher Form dies geschieht und wie die konkrete Handlungsplanung aussieht.

    Die Ergebnisse der Arbeit im Plenum werden in einem ausführlichen Protokoll festgehalten, in das auch die schriftlichen Ergebnisse aus den Kleingruppen eingefügt werden.
  - Es kann passieren, dass dies für ein Team ein sehr aufregender Prozess wird, da entweder die Bewertungen der Ergebnisse unterschiedlich sind, oder die Frage nach dem, was veröffentlicht werden soll, unterschiedlich beantwortet wird.

    Intensiv diskutiert werden sollte darüberhinaus die Frage, welche Erfahrungen mit der Befragung gemacht wurden, ob es Verbesserungsvorschläge gibt und ob Folgeprojekte sinnvoll erscheinen.
  - Für die Leitungskraft bedeutet dies die Herausforderung, das Team zu einem Konsens zu führen, denn Ansätze der Selbstevaluation können nur gemeinsam erfolgreich sein. Eine Anordnung über die Köpfe der Einzelnen hinweg widerspricht dem Selbstverständnis solcher Ansätze und würde die Bereitschaft zur Durchführung weiterer Befragungen oder Interviews herabsetzen.

Dokumentation

- Für die Erstellung einer Dokumentation kann eine Zweiteilung sinnvoll sein: Ein Bericht wird zur internen Verwendung erstellt, ein weiterer für die Darstellung für Eltern, Träger und Öffentlichkeit. Im Team wird geklärt:
  - Wer erhält einen Bericht?
  - In welcher Form wird der Bericht veröffentlicht?
  - Welche Inhalte werden im Bericht dargestellt?
- Gliederung des Berichts:
  Beschreibung der Befragung
  - Warum wurde die Befragung durchgeführt? Hintergründe und Entstehungszusammenhang u. a.
  - Wozu wurde die Befragung durchgeführt? Was waren die Ziele? Was sollte erreicht werden?
  - Was war Inhalt der Befragung?
  - Wie wurde die Befragung durchgeführt?

  Darstellung der Ergebnisse
  - Welche Ergebnisse hat die Befragung gebracht?

  Bewertung der Ergebnisse
  - Was folgt aus den Ergebnissen? Bewertung und Schlussfolgerungen für die Praxis

Auswertung mit den Eltern

Erster Schritt: Einladung der Eltern
- Die Eltern werden zur Vorstellung und Diskussion der Ergebnisse in die Einrichtung eingeladen.

Zweiter Schritt: Vorstellung der Ergebnisse
- Kurze Einführung in die Ergebnisse, z. B. mit Hilfe von Folien auf dem Overheadprojektor und dem Beamer

Dritter Schritt: Diskussion der Ergebnisse in Kleingruppen
- Diskussionsfragen für die Arbeit in Kleingruppen:
  - Welche Ergebnisse haben am meisten überrascht?
  - Welche Vermutungen gibt es über die Hintergründe?
  - Was bedeuten die Ergebnisse aus der Sicht der einzelnen Eltern?
  - Was sollte sich aus der Sicht der Eltern nach der Befragung ändern?

Vierter Schritt: Darstellung der Ergebnisse der Gruppenarbeit im Plenum
- Im Plenum werden die einzelnen Gruppen um die Darstellung der Ergebnisse gebeten. Gut geeignet zur Bearbeitung der Ergebnisse ist die *Kartenabfrage* (→ Kap. 3.6).

Fünfter Schritt: Ableitung von Konsequenzen
- Nachdem die Ergebnisse aus der Sicht der Eltern dargestellt und diskutiert wurden, geht es nun darum, die Konsequenzen darzustellen, die sich aus der Sicht des Teams bisher aus der Befragung ergeben haben. Dazu werden die Überlegungen visualiert, z. B. auf einer Overheadfolie.
- In der abschließenden Diskussion wird ein Konsens zwischen Teams und Eltern über die erforderlichen Konsequenzen gesucht.

Sechster Schritt: Abstimmung von Zielsetzungen und Handlungsschritten
- In einem letzten Schritt werden Zielsetzungen und Handlungsschritte zur Umsetzung gemeinsam erarbeitet und abgestimmt.

Liebe Eltern der Schulkinder!

Heute wenden wir uns mit einem besonderen Anliegen an Sie. Wir möchten von Ihnen gern wissen, wie zufrieden Sie als Eltern mit unserem Angebot und unserer Arbeit sind und welche Wünsche vielleicht noch offen sind. Uns liegt daran, Ihre Situation und Ihre Bedürfnisse zu kennen. Zu diesem Zweck haben wir diesen Fragebogen entwickelt. Wir hoffen, dass Sie sich für die Beantwortung etwas Zeit nehmen können und bedanken uns schon im Voraus für Ihre Mühe. Den ausgefüllten Fragebogen können Sie über den Briefkasten der Einrichtung wieder zurückgeben.

Rückgabe bis spätestens ....

Was ist für Sie das Wichtigste an der Schulkinderbetreuung?
(Schreiben Sie neben das Wichtigste eine 1, das Zweitwichtigste eine 2 usw.)

Freizeit ☐ Hausaufgaben ☐ Mittagessen ☐

Sonstiges .... ☐

Wie wichtig sind Ihnen folgende Aspekte in Bezug auf die Hausaufgabenbetreuung?

	sehr wichtig	wichtig	egal	nicht so wichtig	unwichtig
Gründliche Bearbeitung	☐	☐	☐	☐	☐
Vollständigkeit der Hausaufgaben	☐	☐	☐	☐	☐
Regelmäßige Bearbeitung	☐	☐	☐	☐	☐
Mit den Kindern üben	☐	☐	☐	☐	☐
Sonstiges	☐	☐	☐	☐	☐

Wie wichtig sind Ihnen für Ihr Kind folgende Aspekte in Bezug auf die Freizeitgestaltung?

	sehr wichtig	wichtig	egal	nicht so wichtig	unwichtig
Dass Ihr Kind mit anderen Kindern zusammen spielt	☐	☐	☐	☐	☐
Dass Ihr Kind lernt, sich mit anderen auseinander zusetzen	☐	☐	☐	☐	☐
Dass es neue Anregungen für Spiel, Sport, Kreativität und Experimente erhält	☐	☐	☐	☐	☐
Sonstiges	☐	☐	☐	☐	☐

Wie zufrieden sind Sie in Bezug auf:

	sehr zufrieden	zufrieden	egal	nicht so zufrieden	unzufrieden
Betreuung der Hausaufgaben	☐	☐	☐	☐	☐
Umgang mit den Bedürfnissen und Interessen der Kinder	☐	☐	☐	☐	☐
Umgang mit den Problemen der Kinder	☐	☐	☐	☐	☐
Freizeitgestaltung	☐	☐	☐	☐	☐
Kontakt zur Schule	☐	☐	☐	☐	☐

Hier können Sie genauer angeben, was Ihnen an der Einrichtung insgesamt gefällt oder was Sie besonders stört!

Mir **gefällt** an der Einrichtung

Mich **stört** an der Einrichtung

Was sollte Ihrer Meinung nach in der Einrichtung **dringend verbessert/verändert** werden?

Vielen Dank für Ihre Rückmeldung.
(Bitte stecken Sie den Fragebogen in den beigefügten Briefumschlag und verschließen Sie ihn. Werfen Sie den Briefumschlag in den Briefkasten der Einrichtung. Danke.)

Abb. 21 Beispielfragebogen

Literatur

König, J. (2000). Einführung in die Selbstevaluation. Ein Leitfaden zur Bewertung der Praxis Sozialer Arbeit. Freiburg im Breisgau. S. 93–97

Liebald, C. (1998). Leitfaden für Selbstevaluation und Qualitätssicherung. QS Materialien zur Qualitätssicherung in der Kinder- und Jugendhilfe, Heft 19, hg. v. Bundesministerium für Familie, Senioren, Frauen und Jugend. Bonn.

Schnell, R., Hill, P., Esser, E. (1988). Methoden der empirischen Sozialforschung. München/Wien. S. 306–312

Nordt, G. (2003). Schema zur Planung von Befragungen. Unveröffentlichtes Arbeitsmaterial.

4

Perspektiven der Fachkraft zu den Kindern und zur eigenen Entwicklung

4.1 Beobachtungsbogen: Entwicklung der Kinder

Zur Unterstützung der kindlichen Bildungsprozesse ist es unerlässlich, dass die Erwachsenen versuchen, die Sicht des Kindes zu verstehen, seine Fragen wahrzunehmen und einen Blick für die jeweils anstehenden Entwicklungsaufgaben des einzelnen Kindes zu haben. Beobachtungen sind die Basis für die Reflexion der pädagogischen Arbeit, insbesondere für die Entwicklung konkreter Handlungsziele und die Einschätzung der Wirksamkeit von Handlungszielen. Mit diesem Verständnis gehören Beobachtungen zum grundlegenden methodischen Handwerkszeug der Erzieherin und sind keineswegs nur Maßnahmen für Problemsituationen, sondern Bestandteil des pädagogischen Prozesses.

Mit Hilfe des Beobachtungsbogens (→ Kopiervorlage 11 im Anhang) können Erzieherinnen in regelmäßigen Zeitabständen ihre Einschätzungen zur Kompetenzentwicklung jedes einzelnen Kindes formulieren. Eine sinnvolle Ergänzung und Überprüfung der Ergebnisse kann durch die Einbeziehung solcher Methoden geschehen, die die Situation der Kinder aus deren Perspektive widerspiegelt. Dazu gehören die Methoden im zweiten Kapitel, z. B. *Kinder fotografieren ihre Einrichtung* (→ Kap. 2.1), *Kinder blicken auf die Woche zurück* (→ Kap. 2.5) oder *Kinder beantworten Skalierungsfragen* (→ Kap. 2.7).

Zielsetzungen

- Das Ziel der Beobachtungen ist es, sich ein genaueres Bild von dem einzelnen Kind (der Kindergruppe), seinen Bedürfnissen und seinem Förderungsbedarf zu machen und auf dieser Basis begründete Ziele zu entwickeln.
- Ziel ist auch, nachvollziehbares Material für die Besprechungen im Team und die Verständigung mit Eltern und Lehrkräften über die Entwicklung des jeweiligen Kindes zu haben.

Zeitbedarf und Material

Zeitbedarf

- Für die Beobachtung eines Kindes im Tagesverlauf sind jeweils wenige Minuten einzuplanen.
- Die Auswertung der Ergebnisse ist deutlich aufwendiger. Die Zeitdauer bestimmt sich aus der Anzahl der Beobachtungsergebnisse und aus der Übung beim Schreiben.
- Für die Auswertung der Ergebnisbögen mit einer Kollegin und/oder im Team wird ebenfalls Zeit benötigt.

Material

- Beobachtungsbogen
- Auswertungsbogen, in dem die Ergebnisse interpretiert und zusammenfassend gewertet werden

Durchführung

- Füllen Sie diesen Bogen möglichst in regelmäßigen Zeitabständen (z. B. einmal pro Halbjahr) für jedes Kind (Ihrer Gruppe oder für jedes Kind in Ihrer Zuständigkeit) aus. Sie können auch Gruppen innerhalb der Kindergemeinschaft für die Beobachtung auswählen.
- Führen Sie die Beobachtungen alleine aus. Dadurch kann deutlich werden, wo sie selbst Schwerpunkte setzen. Im Vergleich mit den Beobachtungsergebnissen von Kolleginnen kann die je besondere, subjektive Sichtweise genutzt werden, um sich gegenseitig zu ergänzen und blinde Flecken zu vermeiden.
- Beschreiben Sie Ihre Wahrnehmungen möglichst konkret. Bleiben sie bei dem, was Sie sehen, und verzichten Sie auf Interpretationen und Wertungen.
  Beispiel:
  Wertend: »Jakob zankt sich wieder mit Julian. Er schmeißt extra dessen Turm (Bauteppich) um.«
  Beschreibend: »Jakob u. Julian bauen jeder einen Turm. Es geht darum, wer den

höchsten Turm bauen kann (zu wenig Klötze da). Jakob tritt gegen Julians Turm, als keine Klötze mehr da sind.«

- Interpretationen und Wertungen sind erst zu einem späteren Zeitpunkt angebracht. (Eine sehr differenzierte Beschreibung von Techniken der Schilderung von Beobachtungen findet sich bei Strätz, R., Demandewitz, H. (2000), S. 86–102.)
- In der Spalte »Raum für Notizen« können Sie jedoch sofort besondere Eindrücke festhalten, z. B., ob Sie das Kind konzentriert oder begeistert wahrnehmen, ob es sich aus Ihrer Sicht eher langweilt, ob Sie den Eindruck haben, dass es die Tätigkeit gut beherrscht.
- Wenn es möglich ist, halten Sie wörtliche Äußerungen der Kinder fest.
- Formulieren Sie die Beobachtungen so, dass der Bogen auch für Eltern verständlich ist und von ihnen gelesen werden kann. Damit haben Sie eine gute Basis zur Verständigung mit den Eltern über die Entwicklung des Kindes. Vielleicht haben auch einzelne Mütter oder Väter Interesse, selbst einen solchen Bogen für die häusliche Situation des Kindes auszufüllen, und ihre Wahrnehmungen mit den Ihren zu vergleichen.

Beobachtungskriterien

Ichkompetenzen

- Die Mädchen und Jungen äußern ihre elementaren biologischen Bedürfnisse
  - bei den Mahlzeiten,
  - wenn sie sich bewegen wollen,
  - wenn sie ihre Ruhe haben wollen,
  - bei der Hausaufgabenbetreuung,
  - bei der Freizeitgestaltung.
- Die Mädchen und Jungen organisieren ihren Alltag selbstständig.
  - Sie nehmen sich Zeit und Raum für ihre selbst gewählten Spiele.
  - Sie machen Vorschläge, äußern Wünsche, wie sie den Tag verbringen wollen.
  - Sie treffen Absprachen mit anderen Kindern und Erwachsenen.
- Die Mädchen und Jungen entscheiden über Inhalt und Ort ihrer Tätigkeit und über die Wahl des Partners.
  - Sie wählen selbst ihre Tätigkeiten und bleiben für einen längeren Zeitraum dabei.
  - Sie nutzen Spiel- und Tätigkeitsmöglichkeiten in verschiedenen Räumen (drinnen und draußen; innerhalb und außerhalb der Einrichtung).
  - Sie wählen sich ihre Spielpartner.

Sozialkompetenzen

- Die Mädchen und Jungen nehmen sich wahr und handeln.
  - Sie kennen die Geschichte der anderen Kinder.
  - Sie nehmen Eigenheiten und Unterschiedlichkeiten anderer Kinder und Erwachsener wahr und können damit umgehen.
  - Sie nehmen wahr, wie es anderen Kindern und Erwachsenen aktuell geht.
  - Sie zeigen Eigenständigkeit im Zusammenleben und eine größere Unabhängigkeit von Erwachsenen.
  - Sie tragen Konflikte untereinander selbständig aus.
- Die Mädchen und Jungen planen mit.
  - Sie entwickeln Ideen für das Gruppenleben.
  - Sie tauschen sich über ihre Vorhaben aus und verabreden gemeinsame Aktionen.
- Die Mädchen und Jungen erarbeiten Regeln und Normen für das Gruppenleben.
  - Sie teilen sich gegenseitig Erwartungen zum Verhalten unter einander mit und diskutieren diese.
  - Sie machen sich gegenseitig auf Regeln und Normen aufmerksam.
  - Sie verabreden mit einander und mit der Erzieherin Regeln.
  - Sie entwickeln Ideen für das Gruppenleben.
  - Sie tauschen sich über ihre Vorhaben aus und verabreden gemeinsame Aktionen.

Sachkompetenzen

- Die Mädchen und Jungen erwerben das für ihre Handlungsfähigkeit notwendige Wissen und Können.
  - Sie beteiligen sich an der Auswahl von Lerninhalten.
  - Sie bleiben länger bei einem Thema, entwickeln Ideen und Aktivitäten zur Bearbeitung des Themas.
  - Sie äußern Fragen zu sie interessierenden Sachverhalten.

- Die Mädchen und Jungen bringen ihre Vorerfahrungen in das Gruppenleben ein.
  - Erlebnisse und Kenntnisse aus den Lebensbereichen Familie und Schule spiegeln sich in ihren Spielen und Tätigkeiten wider.
  - Sie kennen Orte im Umfeld der Einrichtung.
  - Sie haben Interesse daran, diese zu erkunden.
  - Sie berichten von besonderen Ereignissen (z. B. aus ihrem Umfeld, durch Medien vermittelt) und interessieren sich für Zusammenhänge.
  - Sie äußern ihre Interessen und zeigen Neugier.
  - Sie lassen sich auf unbekannte Situationen ein.
  - Sie erkunden, experimentieren und probieren aus.
  - Sie haben besondere Interessen und entwickeln individuelle Neigungen.
  - Sie zeigen Durchhaltevermögen bei Tätigkeiten oder bei dem Erforschen von Zusammenhängen.
  - Sie geben bei Misserfolgen nicht gleich auf und suchen nach neuen Lösungswegen.

Auswertung

- Notieren Sie Ihre Beobachtungsergebnisse möglichst zeitnah im Auswertungsbogen (→ Kopiervorlagen 12–14 im Anhang). Wenn zuviel Zeit zwischen Beobachtung und Aufzeichnung vergeht, ist es schwer, detailgenaue Angaben zu machen.
- Machen Sie zunächst eine Selbstbefragung nach den Anlässen für die Beobachtung. Dies macht Sinn, da die Einbindung der Beteiligten in einen Kontext (ein System) verdeutlicht wird. Sie selbst beeinflussen mit Ihrer Wahrnehmung das Kind und werden wiederum selbst beeinflusst von der Sichtweise des Kindes. Die Beobachtungsergebnisse sind keine schlichten Abbildungen der äußeren Wirklichkeit, sondern stark beeinflusst von der inneren Wirklichkeit der Beobachterin.
- Ergänzen Sie Ihre Einschätzung der Beobachtungsergebnisse durch die Einschätzung der Kolleginnen.
- Auswertungsfragen:
  Was habe ich über das Kind erfahren?
  - Findet das Kind leicht Anschluss zu anderen Kindern oder tut es sich schwer, sich in eine Spielgruppe einzufädeln?
  - Nimmt das Kind immer dieselbe Rolle ein (z. B. dominieren, mitlaufen, sich unterordnen) oder wechselt dies je nach Gruppierung?
  - Spielt das Kind eher mit gleichgeschlechtlichen Kindern oder eher in gemischten Gruppen von Jungen und Mädchen?
  - Spielt das Kind eher in altershomogenen oder eher in altersgemischten Gruppen?
  - Mit wem spielt das Kind gerne zusammen? Bei welchen Tätigkeiten?
  - Mit wem gerät es leicht in Konflikt? Bei welchen Tätigkeiten?
  - Kann das Kind produktiv streiten oder verstrickt es sich leicht in Konflikte, die es selbst nicht lösen kann?
  - Hat das Kind gute Freunde? Wer zählt dazu?
  - Gibt es Kinder, die dieses Kind ablehnen?
  - In welcher Gruppenkonstellation, in welcher Spielumgebung möchte ich dieses Kind und seine kommunikativen Möglichkeiten einmal über einen längeren Zeitraum hin beobachten?

  Was hat sich an meiner Einschätzung des Kindes verändert?
  - Wie habe ich das Kind vor der Beobachtung eingeschätzt?
  - Hat sich durch die Beobachtung daran etwas geändert?
  - Habe ich bei der Beobachtung neue Seiten des Kindes entdeckt? Welche sind es?
  - Wo sehe ich besondere Stärken/Fähigkeiten des Kindes?
  - Wobei braucht das Kind gezielte Unterstützung/Förderung?

  Was habe ich über die Gruppe erfahren?
  - Sind die Kinder altersgemischt oder gleichaltrig?
  - Sind Jungen und Mädchen beteiligt oder ausschließlich Jungen bzw. ausschließlich Mädchen?
  - Womit beschäftigen sich die Kinder dieser Untergruppe?

- Welche für die Kinder wichtigen Themen werden in der Gruppenaktivität behandelt?
- Verlassen einige Kinder diese Gruppe während der gemeinsamen Aktivität? Welche? Wohin gehen sie?
- Kommen andere Kinder während der Gruppenaktivität dazu? Welche?
- Welche unterschiedlichen Rollen übernehmen die einzelnen Kinder?
- Welche Konflikte treten auf? Wie werden sie gelöst?

Was hat sich an meiner Einschätzung der Kinder verändert? (→ Kopiervorlage 15 im Anhang)

- Welche Konseqenzen für mein erzieherisches Handeln ziehe ich daraus?
- Wie war meine Einschätzung der beteiligten Kinder vor der Beobachtung?
- Hat sich durch die Beobachtung daran etwas geändert?
- Wo sehe ich besondere Stärken/Fähigkeiten der einzelnen Kinder?
- Brauchen einzelne Kinder gezielte Unterstützung/Förderung?

Literatur

Stadtkinder. Mitteilungsblatt der Vereinigung Hamburger Kindertagesstätten e.V. (2000). Materialien zur Qualitätsentwicklung. Projekt: »Qualitätssicherung in Kitas der Vereinigung« (3). S. 9–14

4.2 Beobachtungsbogen: Freizeitgestaltung eines einzelnen Kindes

Der Beobachtungsbogen (→ Kopiervorlage 11 im Anhang) wird eingesetzt, um die Situation der Kinder, ihre Interessen und Bedürfnisse während der Freizeitphase besser kennen zu lernen und mit den Ergebnissen die pädagogische Arbeit zu gestalten. Er bietet eine Grundlage für eine Reflexion im Team über die Angebote, Anregungen und Aktionsmöglichkeiten für die Schul- und Vorschulkinder. Daraus kann abgeleitet werden, in welchen Bereichen etwas verändert oder zusätzlich angeboten werden kann. Eine sinnvolle Ergänzung und Überprüfung der Ergebnisse kann durch die Einbeziehung der Methoden geschehen, die die Situation der Kinder aus deren Perspektive widerspiegeln. Dazu gehören die Methoden im zweiten Kapitel, z.B. *Kinder analysieren ihr Lebensumfeld* (→ Kap. 2.3), *Kinder beantworten einen Fragebogen* (→ Kap. 2.8) oder *Kinder schreiben Geschichten* (→ Kap. 2.9).

Zielsetzungen

- Das Ziel der Beobachtungen ist es, ein genaueres Bild von dem einzelnen Kind, seinen Bedürfnissen, Interessen und Fähigkeiten zu erhalten.
- Auf dieser Basis werden begründete Ziele für die Planung und Gestaltung von erzieherischen Haltungen, Handlungen, Angeboten und Räumen entwickelt.
- Ziel ist auch, nachvollziehbares Material für die Besprechungen im Team, die Verständigung mit den Eltern und Lehrkräften über die Entwicklung des jeweiligen Kindes zu haben.

Zeitbedarf und Material

Zeitbedarf

- Für die Beobachtung eines Kindes im Tagesverlauf sind jeweils wenige Minuten einzuplanen.
- Die Auswertung der Ergebnisse ist deutlich aufwendiger. Die Zeitdauer bestimmt sich aus der Anzahl der Beobachtungsergebnisse und aus der Übung beim Schreiben.
- Für die Auswertung der Ergebnisse mit einer Kollegin und/oder im Team wird ebenfalls Zeit benötigt.

Material

- Beobachtungsbogen
- Auswertungsbogen

Durchführung

- Führen Sie die Beobachtungen zur Freizeitgestaltung an mehreren hintereinanderfolgenden Tagen durch.
- Es ist wichtig, dass Sie die Beobachtungen alleine durchführen. Im Vergleich mit den Beobachtungsergebnissen von Kolleginnen kann die je besondere, subjektive Sichtweise genutzt werden, um sich gegenseitig zu ergänzen und blinde Flecken zu vermeiden.
- Wenn es möglich ist, halten Sie wörtliche Äußerungen der Kinder fest.
- Die zeitliche Strukturierung der einzelnen Phasen: Mittagessen, Hausaufgabenbetreuung, Freizeit ist in den Einrichtungen je nach Situation und Alter der Kinder unterschiedlich. In manchen Einrichtungen kommen die jüngeren Kinder bereits vor dem Mittagessen aus der Schule und begeben sich in die erste Freizeitphase. In anderen Einrichtungen beginnt diese erst nach dem Mittagessen. Die Beobachtungszeit für die Freizeitgestaltung wird auf die Bedingungen vor Ort abgestimmt und die Uhrzeitangaben werden auf dem Beobachtungsbogen entsprechend angepasst.
- Die Mädchen und Jungen halten sich in der Freizeitphase nicht konstant in einem Raum auf, sie wechseln die Räume, gehen nach draußen oder verlassen die Einrichtung für eine gewisse Zeit. Dies muss bei der Planung der Beobachtung mit einbezogen werden.
- Beschreiben Sie Ihre Wahrnehmungen möglichst konkret. Schreiben sie auf, was Sie sehen, und verzichten Sie auf Interpretationen und Wertungen.
- Interpretationen und Wertungen sind erst zu einem späteren Zeitpunkt angebracht. (Eine sehr differenzierte Beschreibung von Techniken der Schilderung von Beobachtungen findet sich bei Strätz, R., Demandewitz, H. (2000), S. 86–102.)
- In der Spalte »Raum für Notizen« können Sie besondere Eindrücke festhalten, z. B., ob Sie das Kind konzentriert oder begeistert wahrnehmen, ob es sich aus Ihrer Sicht eher langweilt, ob Sie den Eindruck haben, dass es die Tätigkeit gut beherrscht.

Auswertung

- Notieren Sie Ihre Beobachtungsergebnisse möglichst zeitnah im Auswertungsbogen (→ Kopiervorlage 16 im Anhang). Wenn zuviel Zeit zwischen Beobachtung und Aufzeichnung vergeht, ist es schwer, detailgenaue Angaben zu machen.
- Machen Sie zunächst eine Selbstbefragung nach den Anlässen für die Beobachtung. Dies macht Sinn, da die Einbindung der Beteiligten in einen Kontext (ein System) verdeutlicht wird. Sie selbst beeinflussen mit Ihrer Wahrnehmung das Kind und werden wiederum selbst beeinflusst von der Sichtweise des Kindes. Die Beobachtungsergebnisse sind keine schlichten Abbildungen der äußeren Wirklichkeit sondern stark beeinflusst von der inneren Wirklichkeit der Beobachterin.
- Ergänzen Sie Ihre Einschätzung der Beobachtungsergebnisse durch die Einschätzung der Kolleginnen.
- Auswertungsfragen:
  Was habe ich über das Kind erfahren?
  - Welche Raumbereiche (welche Räume) sucht das Kind bevorzugt auf?
  - Zu welchen Kindern nimmt das Kind Kontakt auf?
  - Mit welchen Kindern spielt das Kind? Eher mit altersgleichen, mit jüngeren oder älteren Kindern?
  - Wählt das Kind typische Mädchenaktivitäten bzw. typische Jungenaktivitäten?
  - Was interessiert das Kind besonders?
  - Was sind aktuelle Themen des Kindes?
  - Welche Themen bringt das Kind aus der Schule mit?
  - Findet das Kind in dem Gruppenraum etwas zum Ausprobieren und Experimentieren?
  - Findet es genügend Anregungen, die seinen Interessen entsprechen?
  - Findet es ausreichend Bewegungsmöglichkeiten?
  - Findet es ausreichend Rückzugsmöglichkeiten?

- In welcher Situation möchte ich dieses Kind mal über einen längeren Zeitraum hin beobachten?

Was hat sich an meiner Einschätzung des Kindes verändert? Welche Konsequenzen für mein erzieherisches Handeln ziehe ich daraus? (→ Kopiervorlage 15 im Anhang)

- Wie war meine Einschätzung des Kindes vor der Beobachtung? Hat sich durch die Beobachtung an meiner Einschätzung etwas geändert?
- Habe ich bei der Beobachtung neue Seiten des Kindes entdeckt?
- Wo sehe ich besondere Stärken/Fähigkeiten des Kindes?
- Wobei braucht das Kind gezielte Unterstützung/Förderung?

Literatur

Stadtkinder. Mitteilungsblatt der Vereinigung Hamburger Kindertagesstätten e. V. (2000). Materialien zur Qualitätsentwicklung. Projekt: »Qualitätssicherung in Kitas der Vereinigung« (3). S. 2–7

4.3 Lebensweltanalyse

Die Lebensweltanalyse ist eine Methode, bei der das Umfeld (der Stadtteil), in dem die Kinder der Einrichtung leben, erkundet wird. Erkenntnisse über die Lebensbedingungen der Familien im Stadtteil zu gewinnen ist wichtig, um die Kinder in ihrem Handeln und Verhalten zu verstehen, die inhaltliche Arbeit auf die Lebensbedingungen der Kinder und ihrer Familien zu beziehen und das Angebot entsprechend zu gestalten. Die Erkenntnisse aus der Lebensweltanalyse (Leitfaden → Kopiervorlage 17 im Anhang) können dazu beitragen, den Stadtteil in seinen sozialen Strukturen bewusst mitzugestalten. Mitgestaltung meint die Zusammenarbeit mit anderen pädagogischen und sozialen Institutionen, um eine bessere Kommunikation zu ermöglichen und Ressourcen, die vorhanden sind, besser zu nutzen. Wie sieht es in dem Stadtteil aus? Was ist los im Stadtteil? Wo gibt es weitere Angebote/Hilfen für Kinder und Eltern?

Zielsetzungen

- Erzieherinnen lernen die Lebensbedingungen der Kinder in ihrem Stadtteil kennen.
- Das Wissen über und die Sensibilität für den Stadtteil, in dem die Kinder und ihre Familien leben, wächst.
- Die Ergebnisse werden dokumentiert und fließen in die pädagogische Planung ein.
- Kooperationen und Vernetzungen mit anderen Einrichtungen werden aufgebaut oder intensiviert.

Zeitbedarf und Material

Zeitbedarf

- Vorbereitung: Für die Auseinandersetzung mit den Fragen im Leitfaden und für die Ausarbeitung der Route kann ca. eine Stunde eingeplant werden.
- Für die Begehung des Stadtteils und das Aufschreiben von Eindrücken während der Begehung kann mit ein bis zwei Stunden pro Erkundungsgang gerechnet werden. Mehrere Gänge können sinnvoll sein.
- Für die Auswertung der Analyse und die Dokumentation der Ergebnisse sind in jedem Fall mehrere Stunden einzuplanen.
- Die Lebensweltanalyse wird in regelmäßigen Abständen (halbjährlich oder jährlich) aktualisiert.

Material

- Leitfaden für die Analyse
- Ordner, in dem Material gesammelt wird
- evtl. Kamera, um die Eindrücke mit Fotos zu dokumentieren

Vorbereitung

- Entwickeln Sie im Team ein Konzept zur Durchführung der Lebensweltanalyse. Dieses Konzept beschreibt Ziele und Vorgehensweisen und die Art der Auswertung und Dokumentation. Gehen Sie dazu zunächst den Leitfaden durch: Über welche Informationen verfügen Sie bereits? Worüber können Kolleginnen, Kinder, Eltern oder andere Menschen im Stadtteil Auskunft geben? (Eine gute Ergänzung aus der Perspektive der Kinder ist die *Umfeldanalyse* → Kap. 2.3)
- Legen Sie Ihre Vorgehensweise fest:
  - Termine und Uhrzeiten für die Rundgänge
    Zu welchen Zeiten sind die Kinder im Stadtteil unterwegs?
  - Verteilung der Beobachtungsaufgaben innerhalb des Teams
    Jede Kollegin erstellt sich eine Liste mit den Stichworten, die ihre Beobachtungsaufgabe betreffen.
  - Vereinbarung der Gesprächstermine
  - Einholen von Informationsmaterial über den Stadtteil (Stadtführer, Prospekte, Tageszeitung usw.)
  - Planung der Auswertung und Dokumentation

Durchführung

- Ausgerüstet mit Stichwortliste und Fotoapparat begibt sich jede Kollegin auf ihren Rundgang durch den Stadtteil.
- Veränderungen im Stadtteil (z. B. Schließungen von Firmen, Maßnahmen der Gestaltung von Stadtteilen, Bebauung von Brachflächen, Ansiedlung von neuen Trägern der Jugendhilfe, Schließung von Tageseinrichtungen) werden in Wort und Bild festgehalten.

Auswertung

- In den Ordner für die Lebensweltanalyse fügt nach und nach jede Erzieherin ihre Ergebnisse ein. Neue Kolleginnen werden dadurch in die Besonderheiten des Stadtteils und die Lebenswelt der Kinder eingeführt.
- Im Team werden die Beobachtungen unter folgenden Fragestellungen besprochen:
  - Welche Lebensbedingungen gibt es für Familien in diesem Stadtteil?
  - Gibt es ausreichende Kommunikationsorte für Frauen und Männer?
  - Gibt es ein kulturelles Angebot und können die Familien dies wahrnehmen?
  - Gibt es etwas, das für die Familien im Stadtteil fehlt?
  - Welche Angebote zur Kompensation kann die Kindertageseinrichtung anbieten (z. B. Treffpunkt für Eltern in der Einrichtung)?
  - Gibt es bestimmte Ressourcen, die die Eltern oder Einrichtungen des Stadtteils in die Arbeit einbringen können?
  - Welche Spiel- und Bewegungsmöglichkeiten für Kinder gibt es? Gibt es Einschränkungen oder Gefährdungen?
  - Was kann die Einrichtung (eventuell in Kooperation mit anderen) anbieten, um dies auszugleichen, z. B. durch Fußballturniere mit anderen Einrichtungen?

Literatur

Militzer, R. & Demandewitz, H. & Solbach, R. (1991). Tausend Situationen und mehr! hg. vom Sozialpädagogischen Institut NRW – Landesinstitut für Kinder, Jugend und Familie. Münster. S. 315 f.

4.4 Persönliche Entwicklungsplanung

Ständige persönliche, soziale und fachliche Weiterentwicklung gehört zur Selbstverpflichtung in einem Berufsstand, der wie der der sozialpädagogischen Fachkraft eine sehr hohe Verantwortung trägt. Bei der persönlichen Entwicklungsplanung (→ Kopiervorlage 18 im Anhang) geht es darum, einen längerfristigen Entwicklungsprozess in Gang zu setzen, um die eigenen fachlichen und persönlichen Kompetenzen zu vertiefen. Mit einer strukturierten Analyse, wie sie bei der Entwicklungsplanung geboten wird, wird es möglich, die eigene Tätigkeit zu analysieren und aufgrund der gewonnenen Erkenntnisse neue Kompetenzen zu erwerben. Durch den Austausch über die jeweiligen Erfahrungen kann in der Einrichtung eine Kultur geschaffen werden, die Innovationsprozesse anregt.

Zielsetzungen

- Klärung der Ist-Situation in der eigenen beruflichen Entwicklung
- Entwicklung von Zielvorstellungen für die zukünftige Entwicklung

Zeitbedarf

- Die persönliche Entwicklungsplanung umfasst einen Zeitraum von 1–2 Jahren.

Voraussetzungen

- Eine Einrichtung, die die Bereitschaft für eine intensive Auseinandersetzung mit beruflicher Entwicklung fördern will, benötigt ein Klima, das von Offenheit, Akzeptanz und gegenseitigem Vertrauen geprägt wird.
- Bedeutenden Einfluss auf die Gestaltung des Klimas hat die Leitungskraft, sofern sie bereit ist, offen über die Ausgestaltung ihrer Leitungsrolle, ihre Erwartungen an die Mitarbeiterinnen sowie über die eigene Entwicklungsplanung zu reden.
- Die Mitarbeiterinnen haben Einfluss, indem sie über die kontinuierliche Reflexion von Erfahrungen eine professionelle Austauschkultur schaffen.
- Die Bereitschaft dazu ist am ehesten dann gegeben, wenn dieser Prozess möglichst selbständig gestaltet werden kann und die eigenen Fähigkeiten weiterentwickelt werden können.

Durchführung

- Sie können ihre Entwicklungsplanung auf der Basis der vorgegebenen Fragen (→ Abb. 22) beginnen. Eine Alternative besteht darin, Fragen, die Ihre Situation differenzierter einfangen, selbst zu entwickeln.

Standortbestimmung
- Wo stehe ich derzeit in meiner Arbeit?
- Habe ich verwirklichen können, was ich mir vornahm?
- Hatte ich die nötige Unterstützung? Von wem? Von wem nicht?
- Wo gibt es für mich Unzufriedenheit?

Entwicklungsperspektiven
- Wohin möchte ich in meiner Arbeit kommen?
- Was ist dazu erforderlich?
- Wer kann mich dabei unterstützen?
- Was gewinne ich und was verliere ich, wenn ich mich weiter entwickle?
- Woran erkenne ich, dass ich dieses Ziel erreicht habe?

Abb. 22 Standortbestimmung und Entwicklungsplanung

- Jeweils zwei Kolleginnen bilden ein Tandem, d. h. sie unterstützen sich gegenseitig und begleiten sich wohlwollend kritisch.
- Jedes Tandem erarbeitet ein Konzept für die Entwicklungsplanung. Beim ersten Treffen werden die Zielsetzung und das weitere Vorgehen für die gegenseitige Begleitung der Entwicklungsarbeit besprochen. Um eine Verbindlichkeit für die Zusammenarbeit zu schaffen, wird ein Kontrakt mit Aktionsplan und mit Zeitleiste für die weitere Zusammenarbeit erstellt.
- Die Rollen in diesem Kontrakt werden wie folgt verteilt: Die Erzieherin X arbeitet in den angeführten Entwicklungsbereichen und tauscht in bestimmten Abständen ihre Erfahrungen mit der Kollegin Y aus. Y versucht auf Problembereiche hinzuweisen und bietet Unterstützung an. Solche Gespräche erfordern besonders in der Rolle von Y Kompetenzen im Bereich der Gesprächsführung (z. B. aktives Zuhören) und gelingen leichter, wenn die Abläufe und Rollen klar strukturiert sind.
- Die *kollegiale Beobachtung* (→ Kap. 5.2) unterstützt den Prozess der Entwicklungsplanung.
- Die Einbindung der Erfahrungen der Tandems in das Gesamtteam benötigt einen günstigen äußeren Rahmen, wie er bei Konzeptionstagen oder anderen intensiven Formen inhaltlichen Austausches gegeben ist.

Literatur

Schratz, M. & Iby, M. & Radnitzky, E. (2000). Qualitätsentwicklung. Verfahren, Methoden, Instrumente. Weinheim/Basel. S. 250–259

4.5 »Fünf Sätze über meine Arbeit« – Selbsteinschätzung der eigenen Arbeit

Die Einschätzung der eigenen Tätigkeit in der Einrichtung für sich selbst zu klären, ist ein wichtiger Baustein im Rahmen eines Qualitätsentwicklungsprozesses. Bei dieser Methode werden die Selbsteinschätzung der eigenen Tätigkeit und die Einschätzungen der Kolleginnen darüber, wie jemand seine eigene Arbeit sieht, zusammengeführt. Dadurch kann für jedes Teammitglied die eigene Haltung zur Arbeit klarer werden und es wird deutlich, wie diese auf andere wirkt und von ihnen verstanden wird.

Besondere Vorzüge der Methode liegen in dem geringen Zeitbedarf und in der einfachen Durchführung.

Zielsetzungen

- Klärung der Haltungen gegenüber der eigenen Arbeit
- Auseinandersetzung mit den Vorstellungen und Erwartungen der Kolleginnen

Zeitbedarf

- Einführung: ca. 15 Minuten
- Durchführung: ca. eine halbe Stunde
- Auswertung: ca. eine Stunde. Planen Sie zusätzlich einen Zeitpuffer ein, falls erhöhter Diskussionsbedarf entsteht.

Material

- Für jedes beteiligte Teammitglied fünf weiße Karten
- Stifte

Voraussetzungen

- Es gibt bereits Erfahrungen mit Methoden der Qualitätsentwicklung.

- In der Einrichtung ist bereits eine Feedbackkultur entwickelt worden.
- Es herrscht ein Klima gegenseitiger Offenheit und gegenseitigen Vertrauens.
- Das Team verfügt über Kompetenzen im Umgang mit Gruppenprozessen.

Durchführung

- Nach einer Einführung in die Methode schreibt jedes Teammitglied auf fünf Karten je einen Satz darüber auf, wie es die Arbeit in der Einrichtung erlebt.
- Nun werden alle Karten gesammelt, gemischt und wieder ausgeteilt, so dass jedes Teammitglied wiederum fünf Karten erhält.
- Ein Teammitglied beginnt, seine Karten vorzulesen. Wenn es eine eigene Karte erhalten hat, liest es diese als erste vor und legt sie vor sich auf den Boden. Danach wird eine Karte vorgelesen, die man nicht selbst geschrieben hat. Das Teammitglied überlegt, wer die Karte geschrieben haben könnte und reicht sie mit den Worten »Ich vermute, dass X die Karte geschrieben hat.« an die Kollegin X weiter.
- Nun ist die nächste Teilnehmerin an der Reihe. Das Spiel wird so lange durchgeführt, bis alle Karten ihre Autorin gefunden haben.
- In der letzten Runde liest jedes Teammitglied die Karten vor, die von ihm selbst geschrieben wurden.
- Wichtig ist, dass während der Vorstellung der Karten nicht in eine Diskussion über die Aussagen eingetreten wird. Dies soll erst in der Auswertungsrunde geschehen.

Auswertung

- Nach einer Pause beginnt die Auswertungsrunde, in der die Erwartungen und Erfahrungen besprochen werden.
- Ein Teammitglied übernimmt die Rolle der Moderatorin.
- Beachten Sie die Feedback-Regeln (→ Kap. 5.1), da die Veröffentlichung der Selbsteinschätzungen nur dann zu einer konstruktiven Auseinandersetzung mit Selbst- und Fremdeinschätzung führen kann, wenn sensibel vorgegangen wird.
- Auswertungsfragen:
  - Welche Erfahrungen wurden mit der Übung gemacht? Fiel es eher schwer oder leicht die eigene Situation zu beschreiben?
  - Was am Feedback der anderen war eher leicht anzunehmen? Was eher schwer?
  - Welche der Aussagen waren völlig unerwartet?
  - Wie passen die Aussagen zueinander? Gibt es das Bedürfnis über bestimmte Aussagen zu reden?
  - Welcher Gesamteindruck ist entstanden? Mit welcher Metapher kann das Team beschrieben werden?

Literatur

Vopel, K. W. (1998). Materialien für Gruppenleiter. Teil 5. Teamentwicklung (Blatt 4). (3. Aufl.). Salzhausen.

4.6 Entwicklungsprofil

Bei der Erarbeitung eines Entwicklungsprofils (→ Kopiervorlage 19 im Anhang) geht es darum, sich des eigenen Profils in den unterschiedlichen Arbeitsbereichen zu versichern. Hierbei setzen Sie sich selbst damit auseinander, wie Sie sich in den einzelnen Bereichen einschätzen. Fragen nach der eigenen Weiterentwicklung, z. B. in den Bereichen Selbstkompetenz und Fachkompetenz, werden gestellt. Dabei wird Entwicklung als kontinuierliche Aufgabe verstanden, man kann auch sagen, dass sie diejenigen, die sich darauf einlassen, ein Leben lang begleitet.

Die Übung *Entwicklungsprofil* kann mit den Übungen *Persönliche Entwicklungsplanung*

(→ Kap. 4.4) und *Fünf Sätze über meine Arbeit* (→ Kap. 4.5) kombiniert werden.

Zielsetzungen

- Entwicklung klarer Einschätzungen der eigenen Kompetenzen bezogen auf unterschiedliche Handlungsfelder der Arbeit
- Entwicklung von konkreten Vorstellungen über die Weiterentwicklung in den einzelnen Bereichen

Zeitbedarf und Material

Zeitbedarf

- Auseinandersetzung mit den Fragen: 30–60 Minuten
- Im Verlauf bestimmter Zeiträume, die Sie selbst festlegen (etwa alle drei Monate oder halbjährlich), erfolgt eine erneute Auseinandersetzung.

Material

- Auswertungsschema

Durchführung

- Bestimmen Sie Bereiche der Selbst- und Fachkompetenz, die Sie untersuchen wollen, und tragen Sie diese in das Schema ein.
  Bereiche der Selbstkompetenz (Beispiele):
  - eigene Stärken und Schwächen
  - Handlungs- und Gestaltungsmöglichkeiten
  - Fähigkeit zur biographischen Reflexion

  Bereiche der Fachkompetenz (Beispiele):
  - entwicklungspsychologische Kenntnisse
  - Angemessenheit der Zeiteinteilung für einzelne Handlungsbereiche
  - Kommunikationsfähigkeit
- Schätzen Sie ein, wie gut oder weniger gut entwickelt Sie in diesen Bereichen sind.
- Wählen Sie zunächst einen Bereich aus, dessen Weiterentwicklung für Sie oberste Priorität hat. Für diesen Bereich entwickeln Sie ganz konkrete Überlegungen zur Weiterentwicklung. Die folgenden Fragen sollen Sie dabei unterstützen:
  - Wohin möchte ich?
    Welche Entwicklungsstufe wollen Sie in diesem Bereich erreichen? Stellen Sie sich realistische Ziele, um sich Frustrationen zu ersparen.
  - Wie will ich vorgehen?
    Überlegen Sie, mit welchem Vorgehen und auf welchen Wegen Sie Ihr Ziel erreichen können. Schreiben Sie Ihre Überlegungen auf, und zwar in der Reihenfolge des geplanten Vorgehens.
  - Wann soll eine Verbesserung erreicht sein?
    Setzen Sie sich einen Termin, an dem die Umsetzung erreicht sein soll und vereinbaren Sie mit sich selbst einen weiteren Termin in der Mitte, an dem Sie über das bisher Erreichte und die weiteren Schritte reflektieren.
- Dieses Vorgehen wenden Sie auch für die anderen Bereiche an.
- Diese Form der Selbstevaluation kann durch die Einholung der Einschätzung der Kolleginnen ergänzt werden. Voraussetzung dafür ist, dass ein gegenseitiges Vertrauensverhältnis besteht und eine Bereitschaft zur Offenheit vorhanden ist.
- Eine solche Erweiterung kann bei wertschätzendem Umgang miteinander hilfreich sein und zum Beispiel zu strenge eigene Beurteilungen korrigieren.

Literatur

Praxishandbuch Sozial Management (2001). Bonn. S. 25

4.7 Futur II Technik

Bei dieser Methode handelt es sich um eine Technik, mit der in der Zukunft liegende, schwierige Situationen und Aufgaben so imaginiert werden, als wären sie bereits erfolgreich gemeistert. Dadurch verändern sich die Haltungen und Einstellungen. Die Aufgaben erscheinen weniger schwierig und das Bewusstsein über die eigenen Fähigkeiten wird größer.

Stellen Sie sich vor, es ist Freitagnachmittag. Sie sitzen erschöpft, aber zufrieden mit ihrer Kollegin im Mitarbeiterraum und erzählen ihr von einem gelungenen Projekt, bei dem Sie verschiedene Ziele umsetzen konnten. Mehrere Wochen lang haben Sie an dem Projekt gearbeitet: Sechs Kinder des zweiten und dritten Schuljahres haben das Außengelände der Einrichtung und das nähere Umfeld erkundet und Fotos gemacht. Es gibt Fotografien von Orten, an denen sie sich gerne aufhalten, die interessant und anregend sind, und von solchen, die sie als störend, hässlich oder langweilig empfinden. Bei der Auswertung hat sich gezeigt, dass es im Außenbereich der Einrichtung zu wenig Anregungen und Herausforderungen für die Schulkinder gibt. Sie haben mit den Kindern eine Planung für eine Umgestaltung des Außengeländes erstellt und eine Ausstellung vorbereitet, die auf einem Elternabend präsentiert wurde. Die Resonanz der Eltern war sehr positiv. Mehrere Väter haben sich bereit erklärt, bei einer Umgestaltung mitzuwirken.

Im ersten Futur beschreiben wir das, was sich zukünftig ereignen wird, im zweiten das, was sich bereits ereignet haben wird. Jemandem eine Geschichte zu erzählen, die sich bereits ereignet hat, ist üblich. Es gibt jedoch auch die Möglichkeit, Geschichten zu erzahlen, in denen so getan wird, als habe sich ein Ereignis bereits zugetragen. Bei schwierigen Situationen und besonderen Herausforderungen, die in nächster Zeit anstehen, kann so getan werden als sei das zukünftige Ereignis bereits vollzogen. Die Möglichkeit, so zu tun, als ob ein Vorhaben, eine Planung gut ausgegangen, gelungen und erfolgreich bewältigt sei, kann die Motivation erhöhen und helfen, Unklarheiten, Widerstände und Unsicherheiten zu überwinden.

Zielsetzungen

- Abbau von Unsicherheiten und Ängsten bezogen auf in der Zukunft liegende Aufgaben und Situationen
- Zuwachs an differenzierten Vorstellungen über die einzelnen Handlungsschritte und die eigenen Fähigkeiten

Vorbereitung

- Konkrete Vorstellungen zu entwickeln und ihre Umsetzung in allen Einzelheiten zu planen, fällt oft schwer. Mit dem gezielten Hineingehen in die eigenen Vorstellungen lassen sich die Zielfindung, die Ordnung der Gedanken und die Planung der Umsetzung erleichtern. Die Rückschau als Vorausschau ermöglicht das Zusammenbringen neuer Gedanken vor dem Hintergrund vorhandener Erfahrungen.

Durchführung

Selbstbefragung:

- Sorgen Sie dafür, dass Sie bequem sitzen und ungestört sind.
- Wählen Sie einen Bereich Ihrer Tätigkeit aus, für den Sie eine konkrete Zielsetzung erarbeiten möchten.
- Stellen Sie sich nun vor, dass Sie Ihr Ziel bereits erreicht haben. Erzählen Sie sich selbst die Geschichte von der Idee bis zur Umsetzung und den damit zusammenhängenden Veränderungen. Tun Sie dies so, als würden Sie jemandem von ihrem Erfolg berichten.
- Berichten Sie:
  - was genau erreicht wurde,
  - welche Schritte Sie auf Ihrem Weg gegangen sind,
  - was dazu beigetragen hat, dass Sie ihr Ziel erreicht haben,
  - wie lange es gedauert hat, bis Ihr Ziel erreicht war,
  - wer beteiligt war,
  - welche Rahmenbedingungen und welche Personen Sie auf Ihrem Weg unterstützt haben.

- Notieren Sie Ihre Geschichte stichpunktartig, damit keine Gedanken und Ideen verloren gehen.

Kollegiale Befragung:

- Suchen Sie sich eine Kollegin, zu der Sie Vertrauen haben, und die bereit ist, Ihre Geschichte zu hören und Sie dazu zu befragen.
- Die Kollegin fragt nach, bis sie sich das von Ihnen geschilderte Vorhaben, den Weg dorthin und die Veränderungen durch die Umsetzung in allen Einzelheiten vorstellen kann. Das Nachfragen kann Ihnen helfen, Ihre Vorstellungen noch detailgenauer und umfangreicher zu entfalten.
  Fragen:
  - Was soll genau erreicht werden?
  - Woran merken Sie, dass Sie das Ziel erreicht haben?
  - Woran merkt die Kollegin, dass das Ziel erreicht wurde?
  - Woran merken es die anderen Beteiligten? Welche Kinder und Eltern werden es woran merken?
  - Wieviel Zeit ist bis zur Umsetzung vergangen?
  - Welche Handlungsschritte mussten bewältigt werden?
  - Wie ist die Bewältigung gelungen?
  - Wer war an der Umsetzung beteiligt?
  - Wer hat Sie unterstützt?
  - Was war besonders hilfreich?
  - Welche Veränderungen sind dadurch eingetreten, dass das Ziel erreicht wurde?
  - Welcher Einfluss auf andere Arbeitsbereiche ist feststellbar?

Auswertung

- Im Anschluss an die Selbstbefragung wie auch an die kollegiale Befragung notieren Sie sich Ihre konkreten Vorstellungen und Ideen. Das ist hilfreich, damit die Vorstellungen und Ideen nicht verloren gehen und für ein erneutes Erinnern zur Verfügung stehen.
- Schreiben Sie auf, was Sie erreichen wollten, welche Schritte sie gegangen sind, um Ihr Ziel zu erreichen, wie sie genau vorgegangen sind, was ihnen dabei geholfen hat. Beschreiben Sie, wie das Ergebnis aussah und was sich dadurch verändert hat, dass Sie Ihr Ziel erreicht haben. In das Schema Entwicklung von Indikatoren (→ Kopiervorlage 3 im Anhang) können Sie Ihre Notizen eintragen.

Literatur

Vogel, H.-Ch. (1997). Werkbuch für Organisationsberater, Texte und Übungen. Aachen. S. 110 f.

5

Perspektive des Teams

5.1 Feedback geben

Feedback meint eine Rückmeldung (Rückkoppelung) einer anderen Person auf unser Verhalten. Angemessenes Verhalten lernen wir in hohem Maße dadurch, dass wir die Auswirkungen des eigenen Verhaltens auf andere beobachten und entsprechende Signale nutzen. In vielen Situationen des pädagogischen Alltags, in der Auseinandersetzung mit anderen Fachkräften, Eltern, Lehrkräften und Kindern spielt eine angemessene Rückmeldung eine große Rolle. Obwohl die Bedeutung des Feedbacks leicht erkannt wird, ist Feedback zu geben und anzunehmen ein schwieriges und anspruchsvolles Geschehen. Feedback kann unangenehm oder peinlich sein und Ängste auslösen. Feedback zu geben, ist in dieser Gesellschaft nicht selbstverständlich und muss in der Regel erlernt und geübt werden. Kritik konstruktiv üben und Rückmeldungen geben, die die andere Person gut annehmen kann, sind wichtige Grundlagen der kollegialen Zusammenarbeit und Ausdruck von Professionalität.

Zielsetzungen

- Die Feedbacknehmerin wird darauf aufmerksam gemacht, wie die Feedbackgeberin ihr Verhalten erlebt und was es im positiven und im negativen Sinn bedeutet. Dadurch kann die Beziehung verbessert werden, denn es gibt weniger Reibungsverluste und Stolpersteine.
- Mit dem Feedback wird die Feedbacknehmerin über die Bedürfnisse der Feedbackgeberin informiert und lernt, auf was in Zukunft geachtet werden kann. Dadurch weiß die Feedbacknehmerin mehr über die Feedbackgeberin und muss weniger auf Vermutungen und Phantasien zurückgreifen.
- Der Feedbacknehmerin wird deutlich, welche Veränderungen in ihrem Verhalten für die Feedbackgeberin (oder andere Personen) den Umgang mit ihr erleichtern würden.

Feedbackregeln

- Geben Sie Feedback nur in einer Atmosphäre, in der die Kollegin das Feedback annehmen kann. Aktuelle emotionale Belastungen machen es der Feedbacknehmerin schwer, Rückmeldungen zu ihrem Verhalten annehmen zu können.
- Das Feedback erfolgt im eigenen Namen, da es Ausdruck der Beziehung zwischen Feedbackgeberin und -nehmerin ist. Die Feedbackgeberin handelt nicht stellvertretend für andere und kann sich nicht hinter pauschalen Formulierungen wie »wir alle ...« oder »man kann ...« verstecken.
- Feedback bezieht sich auf eine konkrete Situation und wird möglichst bald gegeben. Frühere Ereignisse werden nicht mit dieser Situation vermischt.
- Feedback ist nur dann sinnvoll, wenn es sich auf Verhaltensweisen bezieht, die die Feedbacknehmerin auch verändern kann.
- Vermeiden Sie Pauschalurteile, Verallgemeinerungen und Typisierungen. Beziehen Sie sich vielmehr auf das in der Situation Beobachtete.
- Unterscheiden Sie zwischen dem, was Sie beobachtet haben, und Ihrer Interpretation.
- Verwenden Sie Ich-Botschaften, in denen Sie Ihre persönlichen Eindrücke und Gefühle ausdrücken: »Ich habe beobachtet ...«, »Diese Handlung hat bei mir ... ausgelöst.«
- Fühlen Sie sich in die Situation der Feedbacknehmerin ein und geben Sie Ihr Gelegenheit, ihre eigene Sichtweise einzubringen.
- Bleiben Sie offen und halten Sie Ihre Meinung nicht zurück, betonen Sie aber die subjektive Deutung und den Hintergrund Ihrer Sichtweise: »Auf mich hat das abweisend gewirkt, weil ...«
- Sprechen Sie nach dem Feedback mit der Kollegin über Ihre Empfindungen und entwickeln Sie durch gegenseitige Rückmeldungen gemeinsam eine förderliche Feedbackkultur.

Literatur

Langmaack, B. & Braune-Krickau M. (1989). Wie die Gruppe laufen lernt. Anregungen zum Planen und Leiten von Gruppen. Ein praktisches Lehrbuch. (3. überarb. u. erw. Aufl.). München. S. 109–113

Schratz, M. & Iby, M. & Radnitzky, E. (2000). Qualitätsentwicklung. Verfahren, Methoden, Instrumente. Weinheim/Basel. S. 100–107

5.2 Kollegiale Beobachtung

Bei der kollegialen Beobachtung beobachtet eine Kollegin die andere während der Arbeit, um ihr ein auf die Tätigkeit bezogenes Feedback zu geben. Kolleginnen aus dem gleichen Arbeitsfeld können sehr fähige Feedbackgeberinnen sein, da sie eine genaue Kenntnis des Arbeitsfelds und der Anforderungen mitbringen. Dadurch kann die Selbsteinschätzung über ein Handlungsfeld, z. B. Hausaufgabenbetreuung, durch eine Fremdeinschätzung ergänzt werden. Eine kollegiale Beobachtung kann sowohl durch Kolleginnen aus der eigenen Einrichtung erfolgen als auch durch Kolleginnen aus anderen Einrichtungen.

Zielsetzungen

- Das kollegiale Feedback ermöglicht es, die Selbsteinschätzung durch eine Fremdeinschätzung zu ergänzen. Dadurch können sich Selbst- und Fremdbild stärker angleichen.

Zeitbedarf und Material

Zeitbedarf

- Planungsgespräch: 20–30 Minuten
- Die Zeitdauer für die Beobachtung richtet sich nach der Dauer der Arbeitsphase, die beobachtet wird. In der Regel wird eine Stunde nicht überschritten.
- Auswertung: 1–2 Stunden
  Planen Sie für die Auswertung einen Zeitpuffer ein, damit alle Aspekte in Ruhe besprochen werden können.

Material

- Arbeitsblatt und Hefter zur Einordnung der Blätter

Voraussetzungen

- Eine Kultur des gegenseitigen Feedbacks ergibt sich nicht von selbst und kann nicht erzwungen werden. Sie benötigt ein Klima gegenseitiger Offenheit und gegenseitigen Vertrauens. Ausschlaggebend ist immer die Bereitschaft der einzelnen Fachkraft, sich für eine kollegiale Beobachtung zu öffnen.
- Die Teammitglieder wissen, dass es nicht um eine Beurteilung, sondern um Beobachtung und Feedback geht.
- Die wichtigsten Feedbackregeln werden von allen Beteiligten beherrscht.
- Die Beobachtungen werden vor- und nachbereitet.
- Die Kinder werden von der Erzieherin, die z. B. bei der Hausaufgabenbetreuung eine Kollegin zur Beobachtung einlädt, im vorhinein über das Ziel der Beobachtung informiert.

Durchführung

Kollegiale Beobachtung kann in unterschiedlichen Formen durchgeführt werden:

- Beobachtung eines Handlungsfeldes, beispielsweise der Hausaufgabenbetreuung, **ohne Festlegung von Beobachtungsschwerpunkten** und Beobachtungskriterien. Die Beobachterin teilt auf der Basis eigener Erfahrungen mit, was ihr auffällt.
- **Beobachtung mit gemeinsam festgelegten Schwerpunkten** und Beobachtungskriterien. Die Beobachtung kann stärker von der Erzieherin, die beobachtet wird, gesteuert werden, da sie selbst nach ihrem Interesse bestimmen kann, was in der kollegialen Beobachtung im Vordergrund stehen soll.
  Beispiele für Beobachtungsschwerpunkte:
  - Stütze ich die Selbständigkeit der Kinder ausreichend?
  - Fördere ich alle Kinder entsprechend ihrer Lernpotentiale?

  Ist die Einigung auf einen oder mehrere Schwerpunkte erfolgt, können gemeinsam Indikatoren erarbeitet werden, an denen erkennbar ist, dass das Beobachtungsziel erreicht wird. Diese Kriterien werden auf einem Beobachtungsraster (→ Kopiervorlage 20 im Anhang) eingetragen.

Die Spalte »Beobachtung« enthält die Beschreibung des Beobachteten, während in die

Spalte »Kommentar« mögliche Interpretationen, Gedanken und sonstige subjektive Einschätzungen eingetragen werden.

- Die beobachtende Person wertet die Aufzeichnungen möglichst rasch nach der Beobachtung aus, um aus der Erinnerung noch wichtige Ergänzungen vornehmen zu können.
- Das Gespräch zur Auswertung erfolgt zeitnah zur Beobachtung. Zur Vorbereitung auf das Gespräch kann eine Auseinandersetzung mit den Feedbackregeln hilfreich sein (→ Kap. 5.1).

Literatur

Schratz, M. & Iby, M. & Radnitzky, E. (2000). Qualitätsentwicklung. Verfahren, Methoden, Instrumente. Weinheim/Basel. S. 100–107

5.3 Kollegiale Beratung

In der alltäglichen Praxis können Situationen auftreten, die Sie als unklar und/oder emotional belastend empfinden. Das können Situationen im Kontakt mit Kindern sein, mit Eltern sowie mit Lehrkräften oder Kolleginnen. Die kollegiale Beratung bietet Gelegenheit, eine berufliche Situation zu schildern und zu klären. Durch gezielte Fragen der Kolleginnen können vertiefte, vielleicht auch neue Sichtweisen entstehen. Die klare Aufteilung der Rollen (Situationseinbringerin, Interviewerinnen, Moderatorin) trägt zur Wirksamkeit dieser Beratungsform bei. Weitere Vorzüge dieser Methode liegen darin, dass das Ratschläge-Erteilen und das Besserwissen vermieden werden, und die gewonnenen Erkenntnisse vor allem als Leistung derjenigen gesehen werden können, die die Situation schildert.

Zielsetzungen

- Mit der kollegialen Beratung wird die Klärung einer beruflichen Situation im Sinne einer Hilfe zur Entscheidung, Lösungsfindung oder Verringerung des Problemdrucks erreicht.

Zeitbedarf und Material

Zeitbedarf

- 30–45 Minuten

Material

- Flipchartbogen mit dem Ablaufplan der kollegialen Beratung
- Flipchartbogen mit den Regeln der Themenzentrierten Interaktion

Voraussetzungen

Voraussetzung der kollegialen Beratung ist ein Klima, das entspannt und von gegenseitiger Akzeptanz geprägt ist. In Teams, in denen diese Voraussetzung zur Zeit nicht vorhanden ist, sollte auf den Einsatz der Methode verzichtet werden.

Vorbereitung

- Eine Gruppe von vier bis sechs Personen ist ideal. Die kollegiale Beratung kann auch zu zweit oder dritt durchgeführt werden, die Höchstteilnehmerzahl liegt bei zehn Personen.
- Die Gruppe bestimmt eine Moderatorin. Sie hat die Aufgabe, auf die Einhaltung der Regeln und der Zeitvorgaben zu achten. Ihr kommt darüber hinaus die Aufgabe zu, die Fragemuster genau mitzuverfolgen, im Bedarfsfalle einzugreifen und Hilfestellung für das Umformulieren von Aussagen anzubieten. Außerdem wird sie die Interviewrunde beginnen, falls diese nur zäh in Gang kommt. Die Moderatorin darf auf keinen Fall in eines der geschilderten Pro-

bleme verwickelt sein. Wenn sie dies bemerkt, sollte sie ihre Rolle rechtzeitig abgeben.

Regeln für die Gesprächsführung mit Hilfe der Themenzentrierten Interaktion (TZI)

- Bestimme dein eigenes Vorgehen im Blick auf die Arbeit, die Gruppe und dich selbst.
- Störungen (z. B. Konflikte, Müdigkeit, Unwohlsein, aber ebenso Freude oder Aufregung) erhalten Raum und werden offen und akzeptierend bearbeitet.
- Jede Person spricht aus der Ich-Perspektive, nicht als »wir« oder »man«.
- Es kann jeweils nur eine Person reden.
- Körpersignale werden beachtet, da sie über das Gesprochene und Gehörte hinaus wichtige Informationen enthalten.

Durchführung

Einstiegsphase (5–10 Minuten)

- Zunächst stellt die Situationseinbringerin ihre Praxissituation vor (ca. 3–5 Minuten).
- Danach hat die Gruppe Gelegenheit, Fragen zu stellen, die zum besseren Verständnis der Situation und ihres Kontextes notwendig sind. Die Moderatorin achtet darauf, dass in dieser Phase wirklich nur Verständnisfragen gestellt werden.

Interviewphase I (10 Minuten)

- Nun beginnt die Phase der Fragen, die sich auf die Klärung der Situation richten. Die Fragen der Gruppenmitglieder sollen Impulse zum Weiterdenken enthalten. Wichtig ist, dass die Gruppenmitglieder wirklich fragen und keine versteckten Lösungen anbieten. Mit den Fragen wird die Situationseinbringerin angeregt, eigene Ideen zu entwickeln. Mit jeder Frage werden nicht nur Informationen gewonnen, gleichzeitig wird beim Befragten etwas ausgelöst (siehe auch *Zirkuläres Fragen* → Kap. 5.7).

Interviewfragen:

Für den Einstieg:
- Was veranlasst dich, diese Situation einzubringen?
- Welche Fragen sind für dich in diesem Zusammenhang zu klären?
- Was ist unklar? Was belastet dich?
- Was möchtest du erreichen? Was soll nach dem Gespräch anders sein als vorher?

Zur Konkretisierung:
- Was hat das Kind genau gesagt?

Zum gedanklichen Hintergrund:
- Welche Überlegungen führen dich dazu, das zu glauben?

Zur Ausweitung der Problemsicht:
- Welche Lösung wäre der Mutter von A. am liebsten?
- Wie hat sich C. in der Aussprache mit dir gefühlt?

Nach dem Guten im Schlechten und dem Schlechten im Guten:
- Was hättest du für Nachteile, wenn du die angestrebte Stelle der Gruppenleitung erhalten würdest?
- Was würdest du gewinnen, wenn du die Eltern nicht von der Neuregelung der Hausaufgabenbetreuung überzeugen kannst?

Nach dem Idealzustand:
- Stell dir vor, du kommst morgen in deine Gruppe und über Nacht hat sich ein Wunder ereignet: alles hat sich in den Idealzustand verwandelt. Wie würdest du diesen Idealzustand beschreiben? Woran merkst du, dass das Wunder geschehen ist?

Reflexionsphase (5–10 Minuten)

- Diese Phase gibt der Situationseinbringerin Gelegenheit, ihre Resonanzen auf das Gehörte mitzuteilen und darzulegen, wie sie sich nach der ersten Runde fühlt, was sich durch die Fragen bewegt hat und was sie sich noch wünscht.

Interviewphase II (5–10 Minuten)

- In dieser Phase werden vertiefende und weiterführende Fragen gestellt:
  - Gibt es in dem, was Du gehört hast, etwas, worüber Du weitersprechen möchtest?
  - Gibt es etwas, was Dir gefehlt hat?
- Damit die Interviewphasen ihre positive Wirkung entfalten können, werden Belehrungen vermieden, ebenso Rivalitäten der Interviewerinnen um die richtige Vorgehensweise oder Fachdiskussionen um ein bestimmtes Problem.
- Je nach Bedarf können sich eine weitere Reflexionsphase und eine weitere Interviewphase anschließen.

Literatur

Jenni, R. (1997). Kollegiale Praxisverarbeitung. Logopädie, 2, S. 86–111

Schratz, M. & Iby, M. & Radnitzky, E. (2000). Qualitätsentwicklung. Verfahren, Methoden, Instrumente. Weinheim/Basel. S. 250–259

5.4 Rollen bearbeiten

Überall dort, wo Menschen in Gruppen zusammen sind, wirken gruppendynamische Prozesse. In den Kita-Teams gibt es Funktionen aufgrund der Verantwortungsbereiche (Leitung, stellvertretende Leitung, Gruppenleitung). Gleichzeitig entwickeln sich Rollen aufgrund der Dynamik im Team. Diese gruppendynamischen Prozesse haben eine erhebliche Bedeutung für die Teamentwicklung. Sollen die Potentiale der Teammitglieder sich bestmöglich entfalten und auftretende Konflikte konstruktiv gelöst werden, ist es wichtig, auch die gruppendynamischen Rollen im Team zu klären und zu bearbeiten.

Zielsetzungen

- Das eigene Rollenbild (Selbstbild) innerhalb des Teams wird geklärt.
- Das Feedback der anderen (Fremdbild) zur Rolle wird eingeholt und bearbeitet.
- Veränderungswünsche für die eigene Rolle werden formuliert.

Zeitbedarf und Material

Zeitbedarf

- ca. 2–3 Stunden

Material

- Rollenklärungsbogen (→ Kopiervorlage 21 im Anhang)

Voraussetzungen

- In der Einrichtung ist bereits eine Feedbackkultur entwickelt worden.
- Es herrscht ein Klima gegenseitiger Offenheit und gegenseitigen Vertrauens.
- Es gibt Kompetenzen im Umgang mit Gruppenprozessen.
- Zur Bearbeitung der Rollen steht genügend Zeit zur Verfügung.

Durchführung

Erster Schritt: Einführung und Herstellung von Konsens

- Zunächst wird die Methode erläutert und die Bereitschaft, sich mit den Rollen im Team in dieser Weise auseinanderzusetzen, wird eingeholt.

Zweiter Schritt: Auswahl der Moderatorin

- Eine Moderatorin wird bestimmt (dabei wird darauf geachtet, dass die Rollenklärung kein Übungsfeld für eine ungeübte Moderatorin sein darf). Außerdem sollte niemand gewählt werden, der zur Zeit eine Außenseiterrolle im Team innehat.

Dritter Schritt: Regeln vereinbaren

- Bevor die Rollenklärung begonnen wird, werden Gesprächs- und Feedbackregeln für den Umgang miteinander vereinbart.

Vierter Schritt: Auseinandersetzung mit der eigenen Rolle (Einzelarbeit)

- Für die Einzelarbeit erhalten die einzelnen Teammitglieder folgende Fragen:
  - Welche Rollen habe ich in unserem Team?
  - Welche Rollen stärken mich? Welche würde ich gerne behalten?
  - Welche Rollen schwächen mich? Welche möchte ich gerne loswerden?

Fünfter Schritt: Klärung der Rollen (Duo oder Kleingruppe)

- Nach der Einzelarbeit kommen zunächst alle ins Plenum zurück. Jedes Teammitglied sucht sich nun eine Partnerin, der sie gerne ihr Rollenbild vorstellen möchte und mit der sie sich ein gegenseitiges Feedback vorstellen kann. Die Auswahl kann auch vorgegeben werden, z.B. durch das Kriterium Zusammenarbeit in einer Gruppe. Jedes Duo/jede Kleingruppe zieht sich in eine Raumecke oder einen separaten Raum zurück, damit ein ruhiges und ungestörtes Arbeiten möglich ist.
- Eine Person beginnt, indem sie ihre Rollenbilder vorstellt. Sie gibt dazu Antworten auf die Fragen aus der Einzelarbeit. Die Partnerin bzw. die anderen Mitglieder der Kleingruppe befinden sich in der Rolle der Zuhörer. Sie versuchen, die Informationen aufzunehmen und achten auf ihre eigenen Reaktionen. Es erfolgt eine Rückmeldung, in dem die Zuhörerin zunächst wiederholt, was sie verstanden hat. Dann teilt sie mit, was sie in gleicher Weise wahrnimmt und wo es Unterschiede gibt (Feedback). Anschließend werden die Rollen getauscht.

Sechster Schritt: Feedback (Kleingruppe oder Plenum)

- Als nächster Schritt erfolgt (eventuell nach einer Pause) der zweite Teil des Feedbacks. Nun geht es um die Rückmeldung zum beruflichen Rollenverhalten:
  - Diese Dinge ... machst du gut. Behalte sie bei. (Du hilfst mir damit, meine Aufgaben gut zu erfüllen.)
  - Diese Dinge ... sind nicht so gut. Versuche, sie einzuschränken.
  - Diese Dinge ... könntest du häufiger tun.

  Dieser Teil ist wesentlich brisanter als der vorausgegangene Teil. Es kann bereits eine befriedigende Klärung der Rollen sein, es bei den Schritten eins bis fünf zu belassen. Ebenso kann es sinnvoll sein, an dieser Stelle zu schließen und beim nächsten Treffen mit dem Schritt sechs weiter zu machen.
- Zunächst wählt jedes Teammitglied eine Person aus, von der es ein Feedback haben möchte und der es selbst ein Feedback zu den Rollen geben möchte. Natürlich kann es sein, dass die Wünsche nicht zusammenpassen, dann müssen Regeln und Lösungen ausgehandelt werde, indem z.B. eine Liste angelegt wird, in die weitere Wünsche eingetragen werden.
- Das Feedback kann schriftlich oder mündlich erfolgen. Eine schriftliche Form hat den Vorteil, dass die Aussagen weniger flüchtig sind und die Weiterarbeit auch in größeren zeitlichen Abständen dadurch erleichtert werden kann. Allerdings wirkt sie sehr massiv und sollte daher nur nach gründlicher Klärung der Voraussetzungen eingesetzt werden.

Siebter Schritt: Darstellung der Ergebnisse (Plenum)

- Anschließend werden die Erfahrungen und Ergebnisse in einer Plenumsrunde vorgetragen. Die Kolleginnen berichten von ihren Erfahrungen mit diesen Fragestellungen.
  - Was habe ich in der Rolle als Feedbacknehmerin erfahren und gelernt?
  - Was habe ich in der Rolle der Feedbackgeberen erfahren und gelernt?
- Jede Mitarbeiterin entscheidet selbst, welche Erfahrungen sie in der Gruppe vortragen möchte. Die Moderatorin ist in dieser Phase herausgefordert, ein annehmendes und akzeptierendes Klima zu schaffen, das Mut macht, sich zu öffnen und allen die nötige Sicherheit gibt. Sie achtet darauf, dass die Regeln des Feedback (→ Kap. 5.1) und der Themenzentrierten Interaktion (→ Kap. 5.3) eingehalten werden.

Auswertung

- Abschließend wird eine Reflexionsrunde eingeleitet, in der jedes Teammitglied seine Befindlichkeiten äussern kann. So können Verletztsein oder Betroffenheit über die Rollenbeschreibungen bearbeitet werden.
- Es werden Überlegungen zur Weiterarbeit angestellt: Wie können wir mit den Ergebnissen gewinnbringend umgehen?
- Die Vorschläge werden gesammelt und in eine Rangfolge gebracht. Dazu kann z. B. die Methode der Punktabfrage (→ Kap. 3.5) verwendet werden.

Literatur

Gellert, M. & Novak C. (2002). Praxisbuch für die Arbeit in und mit Teams. Meezen. S. 379

5.5 Das Wunschteam

Bei dieser Methode geht es darum, die Wunschvorstellungen der einzelnen Teammitglieder bezogen auf das Team in Erfahrung zu bringen und sie mit der Einschätzung der realen Situation zu vergleichen. Dadurch können unterschiedliche Vorstellungen und Rollenentwürfe verbalisiert werden. Das Team kann zu einer gemeinsamen Vorstellung darüber kommen, welche Regeln, Aufgaben und Zielvorstellungen angestrebt werden sollen.

Zielsetzungen

- Das eigene Rollenbild (Selbstbild) innerhalb des Team wird geklärt.
- Das Feedback der anderen (Fremdbild) zur Rolle wird eingeholt.
- Veränderungswünsche werden formuliert.

Zeitbedarf und Material

Zeitbedarf

- ca. 2–3 Stunden

Material

- Zeichenpapier (DIN A 3)
- Stifte

Voraussetzungen

- In der Einrichtung ist bereits eine Feedbackkultur entwickelt worden.
- Es herrscht ein Klima gegenseitiger Offenheit und gegenseitigen Vertrauens.
- Es gibt Kompetenzen im Umgang mit Gruppenprozessen.

Durchführung

Erster Schritt (Einzelarbeit):

- Fragen beantworten
  - Wie müsste für unsere Einrichtung ein ideales Team aussehen?
  - Welche Aufgaben gibt es?
  - Wer sollte welche Aufgaben übernehmen?
  - Wie wollen wir miteinander umgehen? (Gestaltung der Beziehungen)
  - Welche Spielregeln der Zusammenarbeit soll es geben?

Zweiter Schritt (Einzelarbeit):

- Ist- und Idealzustand malen
  Alle Teammitglieder zeichnen ein Bild, das die Ist-Situation verdeutlicht, und eines, das den Idealzustand darstellt.

Dritter Schritt (Plenum):

- Die Bilder des Ist-Zustandes werden vorgestellt und besprochen.

Alle Teammitglieder stellen nacheinander vor, wie sie den Ist-Zustand sehen. Die Bilder werden in die Mitte gelegt, so entsteht eine Ausstellung, die alle anschauen.
Es gibt eine Feedbackrunde zum entstandenen Gesamteindruck. Welches Bild vom Team wird deutlich?

Vierter Schritt (Plenum):

- Die Bilder des Idealzustandes werden vorgestellt und besprochen
  Alle Teammitglieder stellen nacheinander vor, wie sie den Idealzustand sehen. Die Bilder werden wiederum in die Mitte gelegt. Es werden Metaphern für die Bilder gesucht. Anschließend werden auf einer Wandzeitung oder einem Flipchart die Unterschiede und Gemeinsamkeiten bezüglich der Idealzustände festgehalten und gegliedert.

Auswertung

- Auswahl eines idealen Teammodells (Plenum)
  Das Team entscheidet sich für eines der vorgestellten idealen Modelle. Es wird überlegt, mit welchen Vorgehensweisen und Regeln das Team dort hin kommen könnte. Die Überlegungen werden visualisiert und Planungsschritte zur Umsetzung werden besprochen.
- Übertragung auf die konkreten Handlungsmöglichkeiten der Einzelnen (Einzelarbeit)
  Jedes Teammitglied stellt in einer Einzelarbeit Überlegungen darüber an, was das ausgewählte Teammodell für den eigenen Arbeitsbereich für Auswirkungen haben würde.
  Fragen:
  – Woran würde ich morgens, wenn ich in die Einrichtung komme, erkennen, das sich etwas verändert hat?
  – Was wäre für mich in welchen Bereichen anders?
  – Was wäre für die Kollegin anders, die mit mir zusammenarbeitet?
- Abschlußrunde im Plenum
  Die einzelnen Teammitglieder tragen ihre Überlegungen vor und beschreiben, was sie tun können, damit die Wunschvorstellungen zum Team schrittweise realisiert werden.

Literatur

Königswieser, R. (1999). Systemische Intervention. Architekturen und Designs für Berater und Veränderungsmanager. Stuttgart. S. 208 f.

5.6 Das Team als Zoo

Bei dieser Methode geht es um die Bearbeitung der Beziehungen, Rollen und gegenseitigen Erwartungen in einem Team. Gerade im Prozess der Selbstevaluation, der viele Herausforderungen beinhaltet und Strukturen in Bewegung bringt, kann es von großer Bedeutung sein, die Beziehungen im Team auch auf dieser Ebene zu klären. Dazu werden die Teammitglieder gebeten, für jedes andere Mitglied ein Tier auszusuchen, es aufzumalen oder in anderer Form kreativ zu gestalten. Anschließend werden die dahinterstehenden Bedeutungen gemeinsam aufgedeckt und ausgewertet. Die symbolische Repräsentation mit Tieren kommt aus der Familientherapie. Sie hat den Vorzug, dass sie gegenüber nur auf der Sprachebene verbleibenden Methoden die Klärung von Einschätzungen und Erwartungen erleichtert. Es kann vieles deutlich werden, was nur über Sprache nicht zugänglich würde.

Zielsetzungen

- Die gegenseitige Zuschreibung von Rollen (Fremdbild) der Teammitglieder wird deutlich.

- Das Bild des Teams wird in seiner Bedeutung für die aktuelle Teamsituation gemeinsam ausgewertet.
- Durch das gegenseitige Feedback erfolgen Klärungen von Selbst- und Fremdbild.

Zeitbedarf und Material

Zeitbedarf

- Der Zeitbedarf hängt von der gewählten Form und der Größe des Teams ab. Den geringsten Zeitbedarf haben die Arbeit mit Tierzeichnungen und vorhandenen Figuren. Hier kann von ca. 1,5–2 Stunden ausgegangen werden.
- Werden die Figuren selber hergestellt, muss die Zeit für die Bearbeitung noch hinzugerechnet werden.

Material

Der Team-Zoo kann mit unterschiedlichen Materialien gestaltet werden:

- als Zeichnung auf einem Blatt Papier (Papier DIN A 4 und Stifte)
- mit Holz- oder Plastiktierfiguren (Holz oder Plastikfiguren)
- aus Ton oder Knete (Ton oder Knete, Unterlagen)

Durchführung:

Erster Schritt: Einführung

- Die Moderatorin führt in die Methode ein, indem Zielvorstellungen und Arbeitsschritte im Überblick dargestellt werden.

Zweiter Schritt: Gestaltung eines individuellen Teamzoos

- Die Teammitglieder werden gebeten, sich ihr Team als eine Ansammlung von Zootieren vorzustellen. Jedes Teammitglied erhält nun die Aufgabe, einen individuellen Zoo zu gestalten, indem es jeder Kollegin die Rolle eines Tiers zuweist und dieses Tier bildlich darstellt. Dabei darf während dieser Phase nicht verraten werden, welches Tier wen symbolisiert.
- Je nach der gewählten Methode wird ein anderes Vorgehen notwendig.
  - Der Team-Zoo gezeichnet: Alle Mitarbeiterinnen haben Papier und Stifte vor sich liegen und zeichnen nacheinander alle Mitglieder des Teams. Die Teammitglieder zu zeichnen hat den Vorteil, dass die Bilder nach einer gewissen Zeitspanne nochmals betrachtet werden können. Sie können leicht gelagert werden und sind deshalb mehrfach einsetzbar.
  - Der Team-Zoo mit Tierfiguren gestellt: Die Arbeit mit vorhandenen Tierfiguren verlangt eine andere Vorgehensweise, da die verschiedenen Skulpturen nicht stehen bleiben können, denn in der Regel gibt es nicht für jede Mitarbeiterin einen Satz Figuren. Sollte dies der Fall sein, dann können alle auf einem Brett ihren Zoo aufbauen. Sind die Tiere nur einmal vorhanden, wird nacheinander gearbeitet und ausgewertet. Dies ist wegen des Zeitaufwands nur bei kleinen Teams möglich. Eine Möglichkeit, die Skulpturen zur weiteren Bearbeitung festzuhalten, sind Fotos mit der Digitalkamera.
  - Der Team-Zoo aus Ton oder Knete gestaltet: Soll der Zoo aus Ton oder Knete gestaltet werden, ist entsprechend viel Zeit einzuplanen. Das kann sich lohnen, da die Phase der Bearbeitung der Figuren von vielen Erzieherinnen als anregend und entspannend empfunden wird. Um Zeit zu gewinnen, können die Teammitglieder die Skulptur vorher zu Hause fertigen und mitbringen.

Auswertung

- Ein Teammitglied übernimmt die Rolle der Moderatorin. Wenn diese ihren Zoo vorstellt, übernimmt jemand anders ihre Rolle.
- Die Teammitglieder einigen sich auf die Reihenfolge, in der die Skulpturen des Teams präsentiert werden.
- Die Gestalterin legt oder stellt ihren Zoo in die Mitte.
- Die anderen gehen herum, um das Werk von allen Seiten zu betrachten.
- Anschließend teilen alle nacheinander ihre Beobachtungen und Assoziationen zu dem Bild/der Skulptur mit.
- Danach stellt die Gestalterin ihr Bild/ihre Skulptur vor. Sie darf dabei soviel mitteilen, wie sie möchte.

- Die anderen dürfen ihre Beobachtungen und Hypothesen mitteilen.
- Die Gestalterin hat die Gelegenheit, zu den Aussagen der anderen Stellung zu nehmen.
- Bei größeren Teams erfolgt die Auswertung in Kleingruppen von jeweils drei oder vier Personen. Für jedes Bild sollte eine Zeit von 20 bis 30 Minuten eingeplant werden.
- Es kann sich die Aufgabenstellung anschließen, Aussagen zum Team zu formulieren und festzuhalten:
  - Stärken unseres Teams sind...
  - Schwächen unseres Teams sind...

Literatur

Pesch, P. & Sommerfeld, V. (2000). Teamentwicklung. Wie Kindergärten TOP werden. Neuwied. S. 45–47

5.7 Zirkuläres Fragen

Das zirkuläre Fragen ist ein wichtiger methodischer Ansatz, der im Bereich der Beratung und Therapie von Familien entwickelt wurde. Zirkuläres Fragen kann helfen, Planungs- und Entscheidungsprozesse voranzubringen. Es lässt sich deshalb auch als Methode bei der Selbstevaluation einsetzen. Zirkuläres Fragen will die gewohnte Wahrnehmung verändern, indem es anregt, immer wieder die Perspektive zu wechseln und ein Thema von verschiedenen Seiten zu beleuchten. Mit jeder Frage werden nicht nur Informationen gewonnen, gleichzeitig wird beim Befragten auch etwas ausgelöst. In jeder Frage steckt auch eine implizite Art, die Dinge anders zu sehen, so dass das gewohnte Muster verstört wird und Anregungen zu neuen Sichtweisen entstehen. Die Anzahl der Möglichkeiten, die in einer Situation gesehen werden, kann dadurch vergrößert werden. Das zirkuläre Fragen ist deshalb sehr gut geeignet, um eine pädagogische Situation intensiv zu reflektieren und Entscheidungen zu treffen.

Zielsetzungen

- Für schwierige und komplexe Situationen werden neue Sichtweisen und Lösungsmöglichkeiten entwickelt.

Durchführung

- Zwar wird das zirkuläre Fragen in der Regel mit mindestens zwei Personen durchgeführt. Hier wird eine Variante vorgestellt, die anregt, zirkuläres Fragen auch mit sich selbst durchzuführen.

Das kann gelingen, indem Sie in Gedanken **die Zeiten wechseln**, zum Beispiel aus der Zukunft zurückschauen:
Stellen Sie sich vor, Sie schauen in drei Jahren auf die Ziele Ihrer Arbeit zurück. Wie würden Sie Ihre Ziele aus dieser Perspektive bewerten?
die Person wechseln, indem Sie fragen, wie sich die Thematik aus Sicht der Kinder, der Eltern, des Trägers, eines Skeptikers oder Optimisten darstellt:
- Was würden die Eltern zu dieser Frage sagen?
- Was würden die Kinder zu dieser Frage sagen?
- Wer würde unser Ziel skeptisch betrachten?
- Wer würde unser Ziel unterstützen?

die Rahmenbedingungen verändern:
- Was wäre unser Ziel, wenn wir doppelt (halb) soviel Geld für das Projekt hätten?
- Wie sähe unser Ziel aus, wenn wir es in der Hälfte der zur Verfügung stehenden Zeit realisieren müssten?

unterschiedliche Konsequenzen durchspielen:
- Was würde geschehen, wenn wir dieses Ziel nicht verfolgten?
- Wer hätte welche Nachteile? Wer hätte welche Vorteile?

– Was würde es für mich, meine Kolleginnen, die Kinder bedeuten, wenn das Ziel erreicht wäre?

Literatur

Simon, F. B. (2000). Zirkuläres Fragen. Systemische Therapie in Fallbeispielen. Heidelberg. S. 270 f.

5.8 Entwicklungen überprüfen

Die Überprüfung der Entwicklung in einem Arbeitsbereich ist ein wichtiger Bestandteil der Weiterentwicklung. Zunächst sind von denjenigen, die sich »auf den Weg gemacht haben«, Ziele entwickelt und genau beschrieben worden und nun geht es darum, einen Kreislauf von Zielentwicklung und Überprüfung zu installieren. Die Überprüfung der Entwicklung wird von den Personen durchgeführt, die an der Zielentwicklung und Umsetzung beteiligt sind. Über die Gemeinsamkeiten und Unterschiede in der Einschätzung der Entwicklung in einem bestimmten Bereich miteinander zu reden, ist ein wichtiger Schritt im Prozess der Weiterentwicklung.

Zielsetzungen

- Der Einstieg in die Diskussion über die Entwicklung in einem bestimmten Zeitraum wird erreicht.
- Es wird deutlich, in welchen Bereichen eine positive Entwicklung stattfindet.

Zeitbedarf und Material

Zeitbedarf

- Für die Auseinandersetzung mit dem Bogen (→ Kopiervorlage 22 im Anhang) können ca. 20 bis 30 Minuten eingeplant werden.
- Für die Auswertungsgespräche im Team sind ca. 60 Minuten anzusetzen.

Material

- Auswertungstabelle
- Ordner, um die einzelnen Tabellen zu sammeln

Durchführung

- Die Leitungskraft stellt die Tabelle vor und führt in den Gebrauch ein. Sie füllt das Schema jedoch nicht aus, da ihre Aufgaben anders gelagert sind. Es empfiehlt sich, eine Tabelle für die Leitung zu entwickeln.
- Die Tabelle sollte im Abstand von einigen Wochen oder Monaten mehrmals ausgefüllt werden, um auch kleinere Erfolge zu registrieren.
- Die Bewertung der Entwicklung erfolgt einzeln durch jede beteiligte Kollegin, damit auch wirklich alle Erfahrungen und Sichtweisen gehört werden und in die weitere Entwicklung einfließen.
- Zunächst wird darüber entschieden, ob die vorgegebenen Bereiche stimmig sind oder ob sie durch andere, die dem jeweiligen Arbeitsbereich oder Projekt, mehr entsprechen, ergänzt oder ersetzt werden.
- Es wird ein weiteres Treffen vereinbart, auf dem von den Erfahrungen mit der Tabelle berichtet und eine erste Auswertung erfolgen kann.

Auswertung

- Das Auswertungstreffen wird vorbereitet, indem die Ergebnisse auf einer Tabelle zusammengetragen werden. Dazu werden zuvor die ausgefüllten Blätter eingesammelt.
- Vorbereitung und Zusammenstellung der Ergebnisse sollten nicht von der Leiterin, sondern von zwei Teammitgliedern durchgeführt werden, die vom Team gemeinsam ausgewählt werden. Dies empfiehlt sich, um den Aspekt der Kontrolle durch die Leitung aus der Arbeit mit diesem Instrument herauszuhalten.

- Die Ergebnisse werden im Raum aufgehängt oder auf einem Blatt an alle verteilt und diskutiert.
- Ein Termin für ein nächstes Treffen wird vereinbart, und es wird darüber abgestimmt, wer die Zusammenstellung der Ergebnisse beim nächsten Mal übernimmt.

Fragen für die Auswertung

- Wie sind die Erfahrungen der Teammitglieder mit der Tabelle?
- Welche Einschätzung hat am meisten überrascht?
- Welche Unterschiede und Gemeinsamkeiten werden deutlich?
- Was zeigt sich über das Gesamtteam? Wo geht die Entwicklung hin?
- Gibt es Bereiche, die ergänzend aufgenommen werden sollten?

Literatur

Hanstein-Moldenhauer, K. & Sickinger, M. (1999). Schema zur Überprüfung von Entwicklungen. Unveröffentlichtes Arbeitsmaterial. Bremen.

5.9 Stärken-Schwächenanalyse

Ein wichtiger Schritt in der Praxis der Evaluation ist die Selbsteinschätzung des Teams. Mit Hilfe der im Folgenden dargestellten Stärken-Schwächenanalyse kann die Selbsteinschätzung als Ausgangspunkt für die Weiterarbeit an Fragen der Qualitätsentwicklung genutzt werden. Ganz bewusst wird hier mit der Polarität von stark und schwach gearbeitet, denn Weiterentwicklung kann nur gelingen, wenn beide Aspekte betrachtet werden. Eine Voraussetzung zur Arbeit an Schwächen ist das Bewusstmachen der eigenen Stärken. Gerade im Bereich sozialer Arbeit ist die Fähigkeit, diese zu erkennen und zu benennen, häufig wenig ausgeprägt. Es ist jedoch wichtig, dass die Bereitschaft, sich auf einen Entwicklungsprozess einzulassen, nicht ausschließlich mit der Vorstellung von Schwächen einhergeht. Eine Fixierung auf Schwächen führt letztlich zu Überforderung und Resignation. Vielmehr soll die Einrichtung sich zugleich auch der eigenen Stärken bewusst sein und diese als Ressource für die eigene Entwicklung nutzen.

Zielsetzungen

- Einschätzung der Stärken und Schwächen der Einrichtung durch die einzelnen Mitarbeiterinnen
- Erarbeitung eines abgestimmten Gesamtbildes der Stärken und Schwächen
- Entwicklung von Zielvorstellungen und Handlungsplänen zur Förderung der Stärken und zum Abbau der Schwächen

Zeitbedarf und Material

Zeitbedarf

- Für Durchführung und Auswertung kann mit ca. 1,5 bis zwei Stunden gerechnet werden.

Material

- Karten in zwei Farben, z.B in rot und blau (in der Größe DIN A 5)
- Stifte
- Plakatapier
- Stellwände oder Wände, die zum Aufhängen geeignet sind

Durchführung

- Die Methode kann in Teams mit einer Größe bis zu 12 Personen durchgeführt werden. Bei einer größeren Anzahl von Teilnehmerinnen empfiehlt sich eine Aufteilung in Untergruppen.

- Die Einschätzungen der einzelnen Teammitglieder über Stärken und Schwächen der Einrichtung werden mit Hilfe einer Kartenabfrage (→ Kap. 3.6) eingeholt.
- Karten in zwei Farben werden ausgelegt, z. B. Stärken in rot und Schwächen in blau.
- Darauf vermerken die Teilnehmerinnen (Einzelarbeit) Stärken und Schwächen der Einrichtung.
- Die Teilnehmerinnen beginnen bewusst zunächst mit der Analyse der Stärken.
- Auf den Karten wird jeweils nur ein Thema/Stichwort in großer, auch aus einigem Abstand gut lesbarer Schrift notiert.
- Anschließend werden die ausgefüllten Karten in beliebiger Reihenfolge mit Klebestreifen auf eine Wandzeitung aufgeklebt oder mit Nadeln an einer Stellwand befestigt.
- Die Karten werden nach Themenschwerpunkten sortiert. Mehrfachnennungen können mit Hilfe von Punkten kenntlich gemacht werden.
- Für jeden Themenschwerpunkt wird anschließend eine Karte mit einer Überschrift ausgefüllt. Nach der angemessen Bezeichnung wird gemeinsam gesucht.
- Nachdem die Stärken notiert und mit einer Überschrift versehen sind, kann mit den Schwächen in gleicher Weise verfahren werden.

Auswertung

- Alle Teilnehmerinnen werden in den Prozess des Ordnens und Zusammenfassens einbezogen. Unterschiedliche Einschätzungen über die Zugehörigkeit einer Karte zu einem bestimmten Themenfeld sollten nicht übergangen, sondern im Gespräch geklärt werden.
- Es gilt der Grundsatz, dass es keine richtigen oder falschen Aussagen geben kann, sondern lediglich unterschiedliche Wahrnehmungen und Standpunkte, über die im weiteren Verlauf des Prozesses gesprochen wird.
- Die Vielfalt der Meinungen ist gewünscht und wird als Ressource für den weiteren Meinungsbildungsprozess begriffen.
- Wichtig ist, dass genügend Zeit gelassen wird, um die Beiträge zur Kenntnis zu nehmen und zu verstehen.

Abb. 23 Beispiel Stärken und Schwächen der Einrichtung

- Wenn Teilnehmerinnen nach einem ersten Ordnen der Karten den Eindruck haben, dass wesentliche Aspekte noch nicht berücksichtigt sind, können noch weitere Karten ausgefüllt und zur Analyse hinzugenommen werden.
- Die Stärken und Schwächen bilden jeweils eine Kategorie und werden zusätzlich nach Themenfeldern geordnet.
- Am Ende des Auswertungsprozesses entsteht dadurch ein Bild, das in zweifarbiger Gliederung eine Übersicht über die Stärken und Schwächen der Einrichtung gibt.
- Nun geht es darum, das Ergebnis zu interpretieren und Konsequenzen für die Arbeit daraus zu ziehen.
  Welche der Stärken sollen weiter ausgebaut werden?
  Welche Schwächen sollen reduziert werden?

Literatur

Horster, L. (1996). Wie Schulen sich entwickeln können. Der Beitrag der Organisationsentwicklung für schulinterne Projekte (3. Aufl.). Bönen. S. 32–34

5.10 Lösungen suchen – Ishikawa-Diagramm

Im Prozess der Selbstevaluation geht es darum, für Situationen, Abläufe oder Strukturen, die als problematisch empfunden werden oder in denen die Leistungen nicht mit den Zielvorstellungen übereinstimmen, Veränderungsvorschläge zu entwickeln. Nicht selten entsteht dabei eine Fixierung auf eine Sichtweise und der Druck, schnelle Lösungen zu finden, ohne den Veränderungsbereich ausreichend analysiert, die Ursachen der unbefriedigenden Situation und mögliche Veränderungsmöglichkeiten genau abgeklärt zu haben. Veränderungsvorschläge werden dann nicht schrittweise und systematisch entwickelt, sondern vorschnell und mit einer eingeschränkten Betrachtungsweise. Dies kann zu Fehleinschätzungen und Überforderungen führen.

Bevor Lösungen für ein Problem gesucht werden, ist deshalb die genaue Betrachtung der zu verändernden Situation oder Struktur stets der erste Schritt. Das »Ishikawa-Diagramm (auch Ursache-Wirkungs-Diagramm oder Fischgrätendiagramm genannt) stellt dafür ein gutes methodisches Werkzeug dar. Es eignet sich auch sehr gut, wenn im Team Unklarheit oder Uneinigkeit darüber besteht, was eigentlich das Problem ist.

Zielsetzungen

- Mit der Methode wird eine genaue Untersuchung eines Problems in allen Facetten ermöglicht.
- Ideen zur Informationsgewinnung werden entwickelt und Lösungsmöglichkeiten für ein Problem gefunden.

Zeitbedarf und Material

Zeitbedarf

- Eine Bearbeitungszeit von mindestens zwei Stunden sollte eingeplant werden. Es ist bei dieser Methode sehr gut möglich, die Arbeitsschritte zu teilen und bei einem nächsten Treffen weiter zu arbeiten.

Material

- Moderationskarten
- Stifte
- Stecknadeln und/oder Klebeband
- Plakatpaier oder Flip-Chartpapier

Durchführung

Erster Schritt: Das Problem wird beschrieben

- Ein Problem wird an Hand von Beispielen so konkret wie möglich dargestellt. Je nach Thema und Situation im Team kann es sinnvoll sein, alle Beteiligten zu einer eigenen Problemformulierung anzuregen.
- Die Ergebnisse werden zunächst auf Moderationskarten notiert und auf der Wandzeitung zusammengetragen.

Zweiter Schritt: Formulierung einer wertneutralen Leitfrage

- Das Team fragt nach den Einflüssen, aus denen das Problem entstehen konnte, und entwickelt eine Leitfrage, mit der nach den Ursachen geforscht werden kann.
  Beispiele:
  - Ist bei der internen Evaluation z. B. deutlich geworden, dass die Essenssituation der Schulkinder problematisch ist, so kann die Leitfrage lauten: »Was beeinflusst die Essenssituation?«
  - Wenn die Kommunikation unter den Mitarbeiterinnen als schlecht empfunden wird, dann kann gefragt werden: »Was beeinflusst unsere Kommunikation?«
  - Wenn die Schulkinder bei der Kinderkonferenz Unzufriedenheit mit den Räumen geäußert haben, die ihnen zur Verfügung stehen, dann kann die Leitfrage heißen: »Was beeinflusst die Raumsituation der Schulkinder?«
- Eine solche Erforschung der Bedingungen und ihrer Auswirkungen hat folgende Vorteile:
  - Es können auch positive Einflüsse bzw. positive Seiten eines Problems erkennbar werden.
  - Es erfolgt eine genauere Eingrenzung des eigentlichen Problembereichs.
  - Die Abwehr von Verantwortung etwa durch die Haltung: »Das ist nicht mein Bereich – also auch nicht mein Problem«, haben in diesem Konzept keinen Platz.

Dritter Schritt: Sammlung von Ideen und Gedanken zum Thema

- Nun wird mit der oder den Leitfragen gearbeitet. Dabei werden unabhängig von der Art des Themas Gedanken und Ideen gesammelt:
  - Was beeinflusst die Situation, um die es geht?
  - Was trägt zu dieser Situation bei?
- Dabei empfiehlt es sich, Regeln ähnlich wie beim Brainstorming aufzustellen:
  Es gibt einen festgelegten Zeitrahmen für diese Phase, z. B. 10 Minuten.
  Jede Teilnehmerin sagt, was ihr einfällt. Auch Ungewöhnliches oder Verrücktes ist ausdrücklich willkommen. Die Ideen und Gedanken werden von den anderen nicht kommentiert.
- Alles wird auf Karten aufgeschrieben und zunächst auf einer Wand für alle sichtbar aufgehängt.
- Die genannten Aspekte werden nach Überschriften geordnet und gruppiert, so entstehen die Gliederungspunkte für das zu entwickelnde Diagramm.

Vierter Schritt: Bewerten und Ordnen der Einflüsse

- In dieser Phase wird das Diagramm angelegt und das gesammelte Material in die einzelnen Bereiche (Ursachengruppen) des Diagramms eingeordnet. Die Bereiche, die bei einer bestimmten Fragestellung von Bedeutung sind, sind in Phase drei bestimmt worden.
- Die Bereiche werden in das Diagramm eingetragen und mit einem Titel oder einer Überschrift benannt. Bei sehr komplexen Fragestellungen kann es sinnvoll sein, die Bereiche nochmals nach Untergruppen zu ordnen. Das Ordnungskriterium ist dabei die Verwandtschaft der einzelnen Faktoren.
  Es erfolgt eine Bewertung der Einflussfaktoren in negative Faktoren, die belasten und verändert werden sollten, und positive Faktoren, die als Ressource gesehen werden können und deshalb erhalten werden sollten.
  Material, dass sich nicht einordnen lässt, wird außerhalb des Diagramms eingeordnet.

Fünfter Schritt: Auswertung und Überlegungen zur Weiterarbeit

- Für die Auswertung wählen Sie drei bis fünf Faktoren in einem Bereich, in dem es

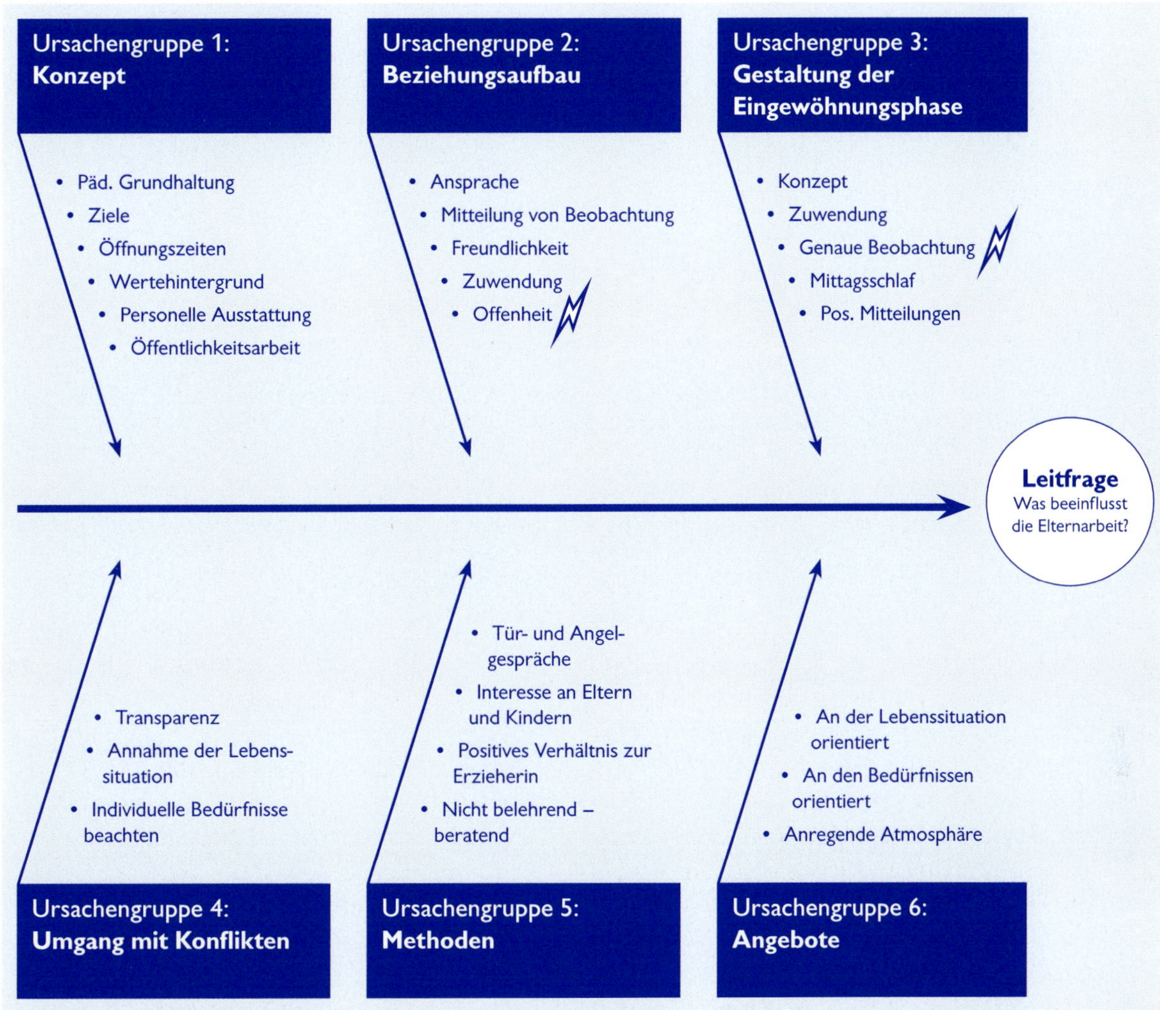

Abb. 24 Beispiel Arbeit mit dem Ishikawa-Diagramm in der Kindertageseinrichtung zum Thema »Zufriedenheit mit der Elternarbeit«

noch nicht so gut läuft, aus. Markieren Sie diese Fakoren mit Blitzen.

- Das, was bereits gut läuft, kennzeichnen Sie mit Punkten.
- Die Sichtung der Ressourcen ist wichtig und sollte deshalb sorgfältig geschehen, da sie Kraft und Motivation für anstehende Veränderungen entstehen lässt.
- Nun wird eine Rangfolge der Veränderungsbereiche festgelegt, um mit der Bearbeitung der wichtigsten oder der dringendsten Veränderung beginnen zu können.
- Als ein möglicher weiterer Schritt wäre eine Befragung der Eltern denkbar, mit dem Ziel zu erfahren, wie die Elternarbeit aus deren Perspektive bewertet wird (→ Abb. 20).

Literatur

Hendriksen, J. (2000). Intervision. Kollegiale Beratung in Sozialer Arbeit und Schule. Weinheim. S. 120–122

Kühnert, S. (2001). Praxismaterial zum Ishikawadiagramm (unveröffentlichtes Arbeitsmaterial). Lössnitz.

Schubert, A. & Hanselmann, P. G. & Fritz, A. (2000). Leitfaden für Qualitätsbeauftragte. QS Materialien zur Qualitätssicherung in der Kinder- und Jugendhilfe, Heft 28, hg. v. Bundesministerium für Familie, Senioren, Frauen und Jugend. Berlin. S. 56–58

6

Perspektive der Leitung

6.1 Identität als Leiterin – Phantasiereise

6.2 Entwicklungsorientierung

6.3 Zeit finden – Analyse der Arbeitszeit

6.4 »Eine Teamsitzung ist gut, wenn ...« – Anregungen zur Gestaltung von Teamsitzungen

6.1 Identität als Leiterin – Phantasiereise

Der geschlechterspezifische Blick auf die Thematik zeigt, dass gerade Frauen im sozialen Bereich zum Teil ein gespaltenes Verhalten zur Leitungsaufgabe haben. Einerseits passt es zur weiblichen Rolle, Verantwortung zu übernehmen, anderseits gibt es oftmals Zweifel am eigenen Leitungsanspruch sowie an der grundsätzlichen Akzeptanz von Macht. Die Auseinandersetzung mit den eigenen Vorstellungen von Leitung gibt Aufschluss über den eigenen Leitungsstil und hilft, die eigenen Ressourcen stärker in den Blick zu nehmen.

Zielsetzung

- Die Phantasiereise verdeutlicht die vorhandenen Rollenbilder.
- Durch die Auseinandersetzung mit Idealbild und dem Anti-Bild erfolgt eine Klärung der eigenen Möglichkeiten.
- Das Bewusstsein für die eigenen Möglichkeiten und Grenzen wird gestärkt.

Zeitbedarf und Material

Zeitbedarf

- Phantasiereise und das Notieren der Ergebnisse: ca. 30–45 Minuten
- Bearbeitung der Auswertungsfragen: ca. 40–60 Minuten.

Material

- Auswertungsschema (→ Kopiervorlage 23 im Anhang)

Durchführung

Erster Schritt: Die ideale Führungsperson

- Setzen Sie sich entspannt hin, schließen Sie die Augen und stellen Sie sich eine ideale Führungsperson vor:
  - Wie sieht diese Person aus: Körperhaltung, Ausdruck, Bewegungen?
  - Wie arbeitet sie: Methoden, Führungsstil, Ausdrucksweise?
  - Wie gestaltet sie die Arbeit mit den Mitarbeiterinnen: Kontakte, Gespräche?
- Wenn Sie ein genaues Bild von der idealen Führungsperson gewonnen haben, dann öffnen Sie die Augen.
- Notieren Sie die wichtigsten Merkmale im vorliegenden Schema.
- Machen Sie nun eine kurze Pause. Stehen Sie dazu auf und gehen Sie im Raum herum oder bewegen Sie sich – wenn dies möglich ist – im Freien. Körperliche Bewegung unterstützt die Fähigkeit zum Umschalten.

Zweiter Schritt: Die Anti-Führungsperson

- Schließen Sie erneut die Augen und visualisieren Sie eine negative Führungsperson. Erinnern Sie sich an unangenehme Erfahrungen mit Autoritäten, vielleicht an eine Person, die Sie als ungeeignet für eine leitende Funktion empfanden.
  - Wie sieht diese Person aus: Körperhaltung, Ausdruck, Bewegungen?
  - Wie arbeitet sie: Methoden, Führungsstil, Ausdrucksweise?
  - Wie gestaltet sie die Arbeit mit den Mitarbeiterinnen: Kontakte, Gespräche?
- Öffnen Sie die Augen und notieren Sie die wichtigsten Merkmale. Bewegen Sie sich wieder, bevor Sie sich auf die dritte Vorstellung einlassen.

Dritter Schritt: Ich als Führungsperson

- Begeben Sie sich nochmals in eine entspannte Haltung, schließen Sie die Augen und denken Sie an typische Situationen Ihrer eigenen Leitungstätigkeit.
- Lassen Sie auch dazu vor Ihrem inneren Auge Bilder entstehen und betrachten Sie diese in Ruhe.
- Notieren Sie danach Merkmale Ihrer Führungsrolle.

Auswertung

Fragen zur Auswertung

- Welche Parallelen finden Sie zwischen den drei Bildern?
- Wie hat sich Ihrer Einschätzung nach Ihr Ideal gebildet? Aus dem Erleben positiver Vorbilder? Als Gegenpol zur unangenehmen Erfahrung einer Anti-Führungsperson?
- Gibt es Eigenschaften Ihres Anti-Vorbildes, die Sie auch mal probieren würden, um die Bandbreite Ihrer Möglichkeiten zu erweitern?
- Gibt es Ansprüche Ihres Idealbildes, die eine Belastung für Sie darstellen?
- Gibt es Bereiche Ihres Bildes von einer guten Leitungskraft, die Sie als Persönlichkeit einschränken?
- Gibt es Bereiche, die Sie verändern möchten?
- Gibt es Bereiche, die Sie stärken und stützen?

Vorgehen bei der Auswertung

- Lassen Sie sich zur Auseinandersetzung mit den Fragen ausreichend Zeit. Wenn Ihnen die Reflektion zu anstrengend wird oder Sie mehr Zeit benötigen, um sich mit einer Frage im inneren Dialog auseinander zu setzen, dann machen Sie an einem der folgenden Tage weiter.
- Es hat sich als günstig erwiesen, die Antworten zumindest stichpunktartig zu notieren. Dadurch stehen Ihnen die Gedanken für weitere Überlegungen zur Verfügung.

Merkmale von Leitungskompetenz

Haltungen und Fähigkeiten in Bezug auf die eigene Person:
- Klarheit über die eigenen Interessen, Wünsche und Ziele haben.
- Die eigenen Fähigkeiten und Talente kennen und wertschätzen (das eigene Licht nicht unter den Scheffel stellen).
- Realistische Selbsteinschätzung der eigenen Kompetenzen und des eigenen Wertes.
- Verantwortung für die Befriedigung der eigenen Bedürfnisse übernehmen und Initiative ergreifen, um diese zu befriedigen.

Haltungen und Fähigkeiten in Bezug auf die Mitarbeiterinnen:
- Die Bedürfnisse der Mitarbeiterinnen respektieren.
- Die Anliegen der Mitarbeiterinnen hören und verstehen (Fähigkeit zum aktiven Zuhören).
- Den Mitarbeiterinnen Freiraum lassen.
- Die eigenen Interessen kommunizieren, indem die Interessen und die Würde des Gegenübers respektiert werden.
- Die Fähigkeiten und Talente der Mitarbeiterinnen kennen und wertschätzen.
- Vertrauen in die Kompetenzen der Mitarbeiterinnen haben.

Literatur

Huonker-Wagner, A. (2000). Profil. Frauen in Leitungsfunktionen – Trainingsleitfaden. QS Materialien zur Qualitätssicherung in der Kinder- und Jugendhilfe, Heft 31, hg. v. Bundesministerium für Familie, Senioren, Frauen und Jugend. Berlin. S. 60

Lahninger, P. (1999). Leiten, präsentieren, moderieren: lebendig und kreativ. Arbeits- und Methodenbuch für Teamentwicklung und qualifizierte Aus- und Weiterbildung. (2. Aufl.). Münster. S. 14 f.

6.2 Entwicklungsorientierung

Als Leitungskraft der Einrichtung kommt Ihnen die Aufgabe zu, Mitarbeiterinnen zu motivieren. Dies ist besonders im Hinblick auf die Planung und Durchführung einer Selbstevaluation von besonderer Bedeutung. Denn der Prozess der Evaluation fordert alle Mitarbeiterinnen besonders heraus, rührt eventuell an Tabuthemen oder lässt Ängste aufsteigen und Konflikte aufbrechen. Gerade in dieser Situation ist eine Führung wichtig, die an den Ressourcen der Mitarbeiterin ansetzt und ihnen hilft, diese zu entwickeln und dadurch zu wachsen. Ihre eigene Einstellung zu Veränderung und Entwicklung wirkt wesentlich auf die Möglichkeiten der Gruppe. Eine entwicklungsfördernde Haltung zu haben bedeutet: die Mitarbeiterinnen da abzuholen, wo sie in ihrer Entwicklung stehen, und sie auf dieser Grundlage zu fördern und zu fordern. Merkmale einer entwicklungsfördernden Haltung werden Ihnen im Folgenden vorgestellt und Übungen zur Reflektion des eigenen Verhaltens angeboten.

Zielsetzungen

- Es erfolgt eine Auseinandersetzung mit Merkmalen entwicklungsfördernder Haltungen.
- Eigenes Verhalten wird unter dem Aspekt der Entwicklungsförderung reflektiert.

Zeitbedarf und Material

Zeitbedarf

- Für das Lesen der Informationen zum Thema und die Reflexion des eigenen Verhaltens kann mit 1–2 Stunden gerechnet werden.

Material

- ein kleines Heft, in das die Reflektionen zum Thema eingetragen werden

Informationen zum Thema Entwicklungsorientierung

Oft haben wir bestimmte Erwartungen an die Kompetenzen der Mitarbeiterin, die sich aus unseren Idealvorstellungen nähren. Werden diese Vorstellungen nicht erfüllt, dann sind wir enttäuscht und manchmal entsteht daraus ein Prozess innerer Abwertung, etwa: »Die jungen Erzieherinnen werden immer schlechter.« Oder es entsteht die Vorstellung, dass diese sich bei den Aufgaben keine Mühe geben. Wenn das Idealbild zum Ausgangspunkt der Einschätzungen wird und von dort aus auf das erreichte Niveau geblickt wird, entsteht der Eindruck, es könne nie erreicht werden. Kleine Veränderungen in die richtige Richtung gelten dann als unbedeutend oder werden erst gar nicht wahrgenommen. Gelingt es hingegen, den Entwicklungstand der Mitarbeiterinnen als Ausgangspunkt, als Grundlage eines Entwicklungsprozesses und als Herausforderung anzunehmen, dann wird eine Haltung eingenommen, die Entwicklung fördert. Ausgehend von dem, was ist, können auch kleine Schritte hin zur Vision als Zuwachs betrachtet werden. Nicht zuletzt geprägt von unseren eigenen Schulerfahrungen – die Note wurde häufig durch das Zählen der Fehler ermittelt – neigen wir dazu, unerwünschtes Verhalten zu verstärken. Wir tun dies, indem wir Fehler ausgiebig beschreiben und darauf hinweisen, während gute Leistungen und Engagement als selbstverständlich gelten und nicht erwähnt werden.

Verhalten, das Entwicklung fördern will, richtet den Blick in die Zukunft zum erwünschten Verhalten und zur erwünschten Leistung. Ihr Verhalten als Leiterin ist in diesem Zusammenhang von zweifacher Bedeutung: Die Mitarbeiterinnen erleben, wie Sie selbst mit sich umgehen. Haben Sie einen entwicklungsorientierten oder einen defizitorientierten Umgang mit sich selbst? Je nach dem, ob Sie eher von dem, was nicht gelungen ist, oder von dem, was gelungen ist, berichten, wird Ihr Modell auf die Defizit- oder Entwicklungsorientierung der Mitarbeiterinnen wirken. Zum anderen wirken Sie in Ihrer Leitungsrolle. In den unterschiedlichen Formen des Kontaktes, vom Tür- und Angelgespräch bis zum Zielvereinbarungsgespräch, hat ihre Haltung entscheidenden Einfluss auf die Haltungen der Mitarbeiterinnen.

Durchführung

Erster Schritt: Auseinandersetzung mit dem Konzept vom enwicklungsfördernden Verhalten.

- Lesen Sie die Informationen zur Defizit- und Ressourcenorientierung in Ruhe durch. Setzen Sie sich besonders mit der Tabelle (→ Abb. 27) auseinander, in der das Verhalten gegenüber gestellt wird.

Zweiter Schritt: Eigenes Verhalten erinnern und notieren

- Versuchen Sie, Ihr eigenes Verhalten einzuschätzen. Suchen Sie Beispiele aus den verschiedenen Bereichen Ihrer Tätigkeit und

Schreiben Sie – ohne lange zu überlegen – Aussagen auf, die sie in letzter Zeit im Kontakt mit Mitarbeiterinnen gemacht haben.

Dritter Schritt: Aussagen einordnen

- Setzen Sie sich mit Ihren Aussagen auseinander und versuchen Sie, diese an Hand der Informationen zur Entwicklungsorientierung zuzuordnen.
- Legen sie eine Liste mit Aussagen an, die sie als defizitorientiert ansehen, und eine weitere mit den ressourcenorientierten Aussagen.

Vierter Schritt: defizitorientiertes Verhalten reflektieren

- Vergegenwärtigen Sie sich nun die Situationen, in denen Sie Aussagen gemacht haben, die Sie als defzitorientiert einordnen.
  - In welcher Situation wurde die Aussage gemacht?
  - Welche Grundstimmung war bei Ihnen vorhanden?
  - Mit welchen eigenen Gefühlen haben Sie sich dabei auseinandergesetzt?
  - Welcher Leistungsanforderung und welchem Idealbild sind Sie gefolgt?
  - Mit wieviel eigenem inneren Druck mussten Sie sich dabei auseinandersetzen?

Fünfter Schritt: ressourcenorientiertes Verhalten reflektieren

- Vergegenwärtigen Sie sich nun die Situationen, in denen Sie Aussagen gemacht haben, die Sie als ressourcenorientiert einordnen.
  - In welcher Situation wurde die Aussage gemacht?
  - Welche Grundstimmung war bei Ihnen vorhanden?
  - Mit welchen Gefühlen haben Sie sich dabei auseinandergesetzt?
  - Welcher Leistungsanforderung und welchem Idealbild sind Sie gefolgt?
  - Mit wieviel eigenem inneren Druck mussten Sie sich dabei auseinandersetzen?

Sechster Schritt: Ressourcenorientierung weiterentwickeln

- Denken Sie nun darüber nach, welche äußeren und inneren Bedingungen vorhanden sein müssen, damit Sie eine ressourcenorientierte Kommunikation gestalten können.
- Notieren Sie dazu die Bedingungen, die Sie brauchen, z.B:
  - Keine Feedbackgespräche zwischen Tür und Angel.
  - Zunächst auf das hören, was sich in schwierigen Situationen in Ihnen selbst abspielt: die inneren Stimmen, das innere Team befragen.

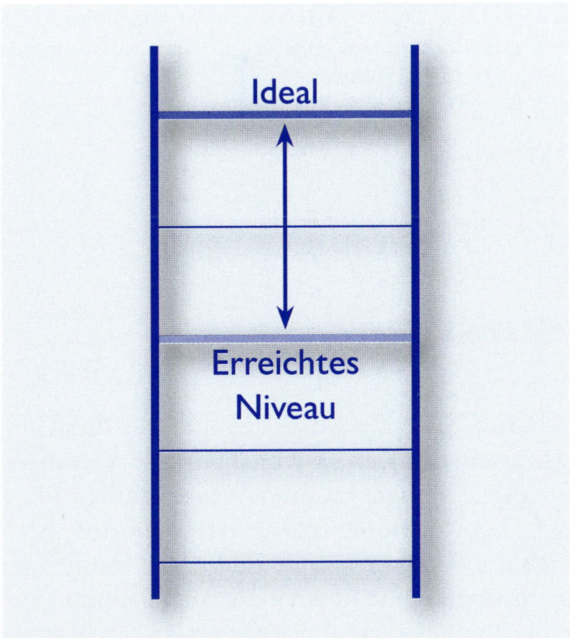

Abb. 25 Defizitorientierung

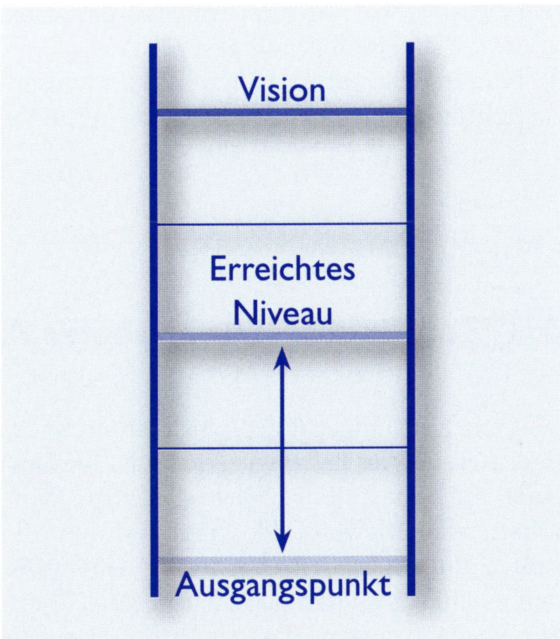

Abb. 26 Entwicklungsorientierung

Defizitorientierung	Entwicklungsorientierung
»Ihre Arbeit ist weit unter dem Durchschnitt.«	»Ich habe den Eindruck, Sie könnten noch mehr leisten.«
»Zwei Aufträge haben Sie immer noch nicht erledigt.«	»Einen Auftrag haben Sie bereits zufriedenstellend abgeschlossen.«
»Ich bin enttäuscht.«	»Ich erwarte mehr Einsatz von Ihnen.«
»Ganz offensichtlich strengen Sie sich zu wenig an.«	»Was brauchen Sie, um sich engagierter beteiligen zu können?«
»So kann das nichts werden.«	»Ich erwarte, dass Sie Zielvorstellungen entwickeln, um diesen Bereich voran zubringen.«
»Sie brauchen nicht nervös sein!«	»Nur ruhig.«
»Sie werden schon nicht durchfallen!«	»Ich bin sicher, alles geht gut!«
»Nicht hetzen!«	»Nehmen Sie sich die Zeit, die Sie brauchen!«

Abb. 27 Beispiel für defizit- und entwicklungsorientiertes Feedback

  - Sich selbst häufig loben.
  - Auf kleine Erfolge schauen.
  - In kleinen Schritten vorangehen.
- Überlegen Sie, was Sie selbst tun können, damit sie Ihr ressourcenorientiertes Verhalten stärken.

Auswertung

- Erstellen Sie eine Liste der unterschiedlichen Formen des Kontakts, in denen Ihnen ressourcenorintiertes Verhalten gelungen ist (vom Tür- und Angelgespräch bis zum Zielvereinbarungsgespräch).
- Notieren Sie auf die nähere Zukunft ausgerichtete Zielvorstellungen. Orientieren Sie sich dabei an dem, was bereits gut geht, und schauen Sie auf Ihre Stärken und Möglichkeiten. Formulieren Sie für drei Bereiche je ein Handlungsziel (→ Kap. 1.2).
- Vereinbaren Sie mit sich selbst einen Termin, an dem Sie schauen, was Sie erreicht haben.
- Wiederholen Sie diese Form der Reflexion in den nächsten Monaten.

Literatur

Lahninger, P. (1999). Leiten, präsentieren, moderieren: lebendig und kreativ. Arbeits- und Methodenbuch für Teamentwicklung und qualifizierte Aus- und Weiterbildung. (2. Aufl.). Münster. S. 79 f.

6.3 Zeit finden – Analyse der Arbeitszeit

Wie mit Zeit umgegangen wird, ist ein wichtiger Bereich des Leitungsverhaltens. Ihr Umgang mit der Zeit ist Vorbild für die Mitarbeiterinnen. Wenn Sie häufig durch die Einrichtung hasten und jederzeit Überstunden machen, so wirkt dies eher negativ. Wenn Sie hingegen zeigen, dass Sie Ihre Zeit eingeteilt haben und rechtzeitig nach Hause gehen, schaffen Sie ein positives Modell für den Umgang mit der Zeit. Damit Sie diese Leitungsaufgabe in angemessener Weise erfüllen können, benötigen Sie reflektierte Kenntnis Ihres eigenen Umgangs mit Zeit. Der Zeiterfassungsbogen gibt Ihnen Gelegenheit, den Umgang mit der eigenen Arbeitszeit zu erfassen und zu analysieren.

Zielsetzungen

- Es erfolgt eine Auseinandersetzung mit dem eigenen Umgang mit Zeit.
- Auf dieser Grundlage werden die Zeitkontingente für einzelne Arbeitsbereiche und Aktivitäten überprüft.
- Zeitfresser werden entdeckt und beseitigt.

Zeitbedarf und Material

Zeitbedarf

- Für das Ausfüllen des Zeiterfassungsbogens (→ Kopiervorlage 24 im Anhang) kann mit ca. 15 Minuten gerechnet werden.
- Für die Auseinandersetzung mit den Auswertungsfragen und die Analyse werden ca. 60 Minuten benötigt.

Informationen zum Thema Umgang mit Zeit

- Über Zeit lässt sich auf verschiedene Arten nachdenken. Man kann die äußere, also die messbare und errechenbare Zeit von der inneren, der gefühlten und erlebten Zeit unterscheiden. Weit wichtiger als die Kenntnis der berechenbaren, für die Arbeit verfügbaren Zeit, ist die Erfahrung, dass sich das Zeitgefühl in bestimmten Lebens- und Arbeitsphasen immer wieder ändert. Ihre innere Uhr teilt Ihnen vieles mit, was bei einer guten Zeitplanung beachtet werden sollte.
- Sie sollten sich mit Ihrer Arbeitszeit grundsätzlich wohlfühlen und zu der Einschätzung kommen, dass Ihre Aufgaben in die zur Verfügung stehende Zeit passen. Wenn es eine solche Passung gibt, lassen sich vorübergehende Stresszeiten besser ertragen. Gibt es keine, muss eine differenzierte Analyse erfolgen.
- Sehr häufig ist der Umgang mit der Zeit für Leitungskräfte und Mitarbeiterinnen ein Problem. Alle beklagen sich darüber, dass sie zu viele Aufgaben haben und die ganze Arbeit nicht schaffen können. Wichtige Gespräche oder Aufgaben werden dann immer wieder aus Zeitgründen verschoben oder ganz aufgegeben.
- Dieses verbreitete »Ich-Habe-Keine-Zeit-Verhalten« kann zwei Ursachen haben:
  - Zeit und anstehende Aufgaben stimmen nicht überein.
  - Die Zeit wird nicht gut genutzt. Ist diese Ursache zutreffend, dann wird die Zeit verkürzt, weil allerlei Zeitfresser an ihr nagen.

Material

- Zeiterfassungsbogen
- Hefter für das Sammeln weiterer Bögen
- Heft, um Ergebnisse zu notieren

Durchführung

Erster Schritt: Lesen der Informationen zum Umgang mit der Zeit und zum Zeiterfassungsbogen

- Lesen Sie die Informationen zum Umgang mit der Zeit in Ruhe durch. Setzen Sie sich besonders mit der Tabelle auseinander, in der mögliche Zeitfresser dargestellt werden.
- Informieren Sie sich anschließend über den Umgang mit dem Zeiterfassungsbogen. Betrachten Sie die vorgegebenen Kategorien daraufhin, ob Sie für Ihre Arbeit stimmig sind. Wenn nicht, dann gestalten Sie einen eigenen Bogen mit veränderten Kategorien.

Zweiter Schritt: Arbeit mit dem Zeiterfassungsbogen

- Füllen Sie den Zeiterfassungsbogen mindestens über eine, besser über mehrere Wochen hinweg aus. Halten Sie für jeden Tag fest, wie viel Zeit in den entsprechenden Bereichen investiert wird. Die kleinste Erfassungseinheit ist eine Viertelstunde.
- Notieren Sie möglichst am Ende jedes Tages, ob Sie mit der Zeiteinteilung zufrieden waren, ob Sie alles geschafft haben, was Sie tun wollten, und welcher Zeitfresser Sie möglicherweise daran gehindert hat.

Auswertung

Erster Schritt: Notieren der Ergebnisse

- Fassen Sie die Ergebnisse und Schlüsse, die Sie aus dieser Analyse ziehen, am besten schriftlich zusammen. So können Sie immer wieder auf diese Analyse zurückgreifen und sie mit neueren Analysen vergleichen.

Zweiter Schritt: Analyse der eigenen Zeitgestaltung

- Die gesammelten Informationen darüber, welche Aufgaben Sie an einem Tag bear-

Zeitfresser	Mögliche Lösungen
Zu perfekt sein wollen.	Nur so gut wie nötig, nicht so gut wie möglich arbeiten.
Alles selber tun.	Delegieren.
Vieles gleichzeitig tun.	Eins nach dem anderen tun.
Alles wissen wollen.	Auf Mitarbeiterinnen vertrauen. Kurzberichte fordern. Zielerreichung kontrollieren.
Unangenehmes aufschieben.	Unangenehmes zuerst erledigen oder mindestens einen Schritt weiterbringen.
Planlos arbeiten, ohne Prioritäten.	Tagesziele setzen. Das Wichtige vor dem Dringenden tun.
Gespräche/Sitzungen nicht vorbereiten.	Gesprächsziele, Sitzungsziele festlegen. Zeitplan erstellen.
Termine nicht einhalten.	Termine vereinbaren und festhalten (beide Partner). Termine konsequent mahnen und selbst einhalten.
Durch häufige Telefonate gestört werden.	Vor Gesprächen das Telefon umleiten oder abstellen.
Durch interne Besuche gestört werden.	Ein geplantes statt vieler spontaner Gespräche.

Abb. 28 Zeitfresser und Lösungsmöglichkeiten

beitet und wieviel Zeit Sie dafür benötigt haben, geben gute Möglichkeiten, daraus Schlüsse zu ziehen. Besonders die Zeitfresser geben Ihnen Hinweise darauf, wo Sie Änderungen anstreben sollten.

Dritter Schritt: Auseinandersetzung mit Fragen zur Gestaltung des Zeitbudgets

- Wieviel Zeit braucht ein bestimmter Arbeitsbereich, eine bestimmte Tätigkeit, um das Gewicht zu erhalten, dass meinen/unseren Zielsetzungen entspricht?
- Wie viele Stunden kosten besondere Aktivitäten, wie z. B. das Sommerfest, der Tag der offenen Tür, das Wochenende für Eltern und Kinder?
- Wie viele Stunden kosten besondere Aktivitäten innerhalb der Selbstevaluation, z. B. eine Befragung der Eltern?
- Nimmt der Zeitbedarf für bestimmte Aufgaben zu, z. B. für Hausaufgabenbetreuung, Gespräche mit Eltern?
- Nimmt der Zeitbedarf für andere Aufgaben ab, z. B. für die Betreuung des Mittagessens?
- Reicht die verfügbare Zeit aus, um zusätzliche Aufgaben zu übernehmen, z. B. Kooperation mit anderen Trägern, Ausweitung des Angebotes?

Vierter Schritt: Erarbeitung von Konsequenzen

- Erarbeiten Sie für sich eine Liste mit Ergebnissen, die Sie aus der Analyse Ihres Umgangs mit der Zeit und der Auseinandersetzung mit den grundlegenden Fragen zur Zeitgestaltung entwickeln.
  Um sich die Organisation der Zeit im Vorhinein zu erleichtern, empfiehlt es sich, vor Beginn eines neuen Projektes oder am Anfang des Tages eine realistische Zeitplanung zu machen und diese mit den alltäglichen Begebenheiten abzustimmen. Damit können Überforderung und Unstimmigkeiten erkannt und verhindert werden.

Auswertung

- Die Auswertung der Ergebnisse kann im und mit dem Team erfolgen, wenn es darum geht, die Analyse der Zeit auch im Team einzuführen. Ihre Erfahrungen mit dem Zeiterfassungsbogen können im Team

diskutiert und Konsequenzen für weitere Aktivitäten entwickelt werden.
- Nach einer vorher bestimmten Zeitspanne, z. B. vier Wochen, kann eine gemeinsame Auswertung aller Zeiterfassungsbögen im Team geschehen. Dazu müssen die Bögen vorher von den einzelnen Mitarbeiterinnen ausgewertet, die Ergebnisse aufgeschrieben und der Moderatorin mitgeteilt werden.

Literatur

König, J. (2000). Einführung in die Selbstevaluation. Freiburg. S. 143 f.

Lotmar, P. & Tondeur, E. (1999). Führen in Sozialen Organisationen. (6. Aufl.). Bern. S. 122 f.

6.4 »Eine Teamsitzung ist gut, wenn ...« – Anregungen zur Gestaltung von Teamsitzungen

Teamsitzungen sind der Ort für die Bearbeitung unterschiedlichster Aufgaben wie Konzeptentwicklung, Aushandlung von Zielen, Klärung von Rollen, Lösung von Konflikten, Entwicklung eines Wir-Gefühls und vieler anderer. Angesichts der Bedeutung der Sitzungen muss die zur Verfügung stehende Zeit gut genutzt werden. Deshalb ist es wichtig, dass die Sitzungen möglichst optimal vorbereitet und durchgeführt werden.

Dass gelungene Teamsitzungen nicht von selbst entstehen, ja eher die Ausnahme sind, kennt fast jeder aus eigener Erfahrung. Wer hat sich noch nicht über unstrukturierte und chaotische Sitzungen geärgert und zum Ende der Sitzung das Gefühl gehabt: Das hätte auch in der Hälfte der Zeit erledigt werden können. Oder das belastende Gefühl, wenn neue Ideen und Kritik nicht geäußert werden dürfen, wenn Meinungen, die nicht gängig sind, zur Ablehnung führen, wenn zu stark in die Vergangenheit und zu wenig in die Zukunft geschaut wird. Wer das Know-how zur Gestaltung von Sitzungen in der Einrichtung bekannt machen will, muss selbst differenzierte Vorstellungen von einer gelungenen Teamsitzung haben und die Moderationsaufgabe sicher beherrschen.

Zielsetzungen

- Auseinandersetzung mit den eigenen Vorstellungen über die Gestaltung von Sitzungen
- Entwicklung differenzierter Zielvorstellungen für die Gestaltung von Sitzungen

Zeitbedarf und Material

Zeitbedarf

- ca. 50–60 Minuten

Material

- Papier für die Notizen
- Schema zur Vorbereitung von Teamsitzungen (→ Kopiervorlage 25 im Anhang)

Durchführung

Erster Schritt: Reflexion einer guten Sitzung
- Setzen Sie sich bequem hin, schließen Sie die Augen und begeben Sie sich in Gedanken in Ihre Arbeit. Wo haben Sie in den letzten Wochen Sitzungen als Leiterin oder Teilnehmerin erlebt? Was war Ihre letzte wirklich gute, gelungene Besprechung, in der Sie sich wohl fühlten und mit deren Ergebnis Sie zufrieden waren?

- Wenn Sie ein genaues Bild von der guten Sitzung gewonnen haben, dann öffnen Sie die Augen.
- Notieren Sie die wichtigsten Merkmale.

Zweiter Schritt: Auswertung der Aufzeichnungen
- Schauen Sie sich Ihre Aufzeichnungen an und überlegen Sie, was Sie notiert haben. Wahrscheinlich sind es wichtige Regeln für eine gute Moderation.
- Überlegen Sie, ob Sie selbst diese Regeln anwenden und denken Sie darüber nach, was Sie manchmal davon abhält, dies zu tun.
- Setzen Sie sich mit den Moderationsregeln auseinander. Stellen Sie fest, welche der Regeln Sie zusätzlich sinnvoll finden und in Ihre eigene Liste von Regeln aufnehmen möchten.

Dritter Schritt: Vorbereitung der Umsetzung
- Sorgen Sie dafür, dass Sie bequem sitzen und ungestört sind.
- Wählen Sie eine Sitzung aus, die in der nächsten Zeit stattfinden wird.
- Stellen Sie sich nun vor, dass diese Sitzung stattgefunden hat und Ihren Vorstellungen einer guten Sitzung entspricht.

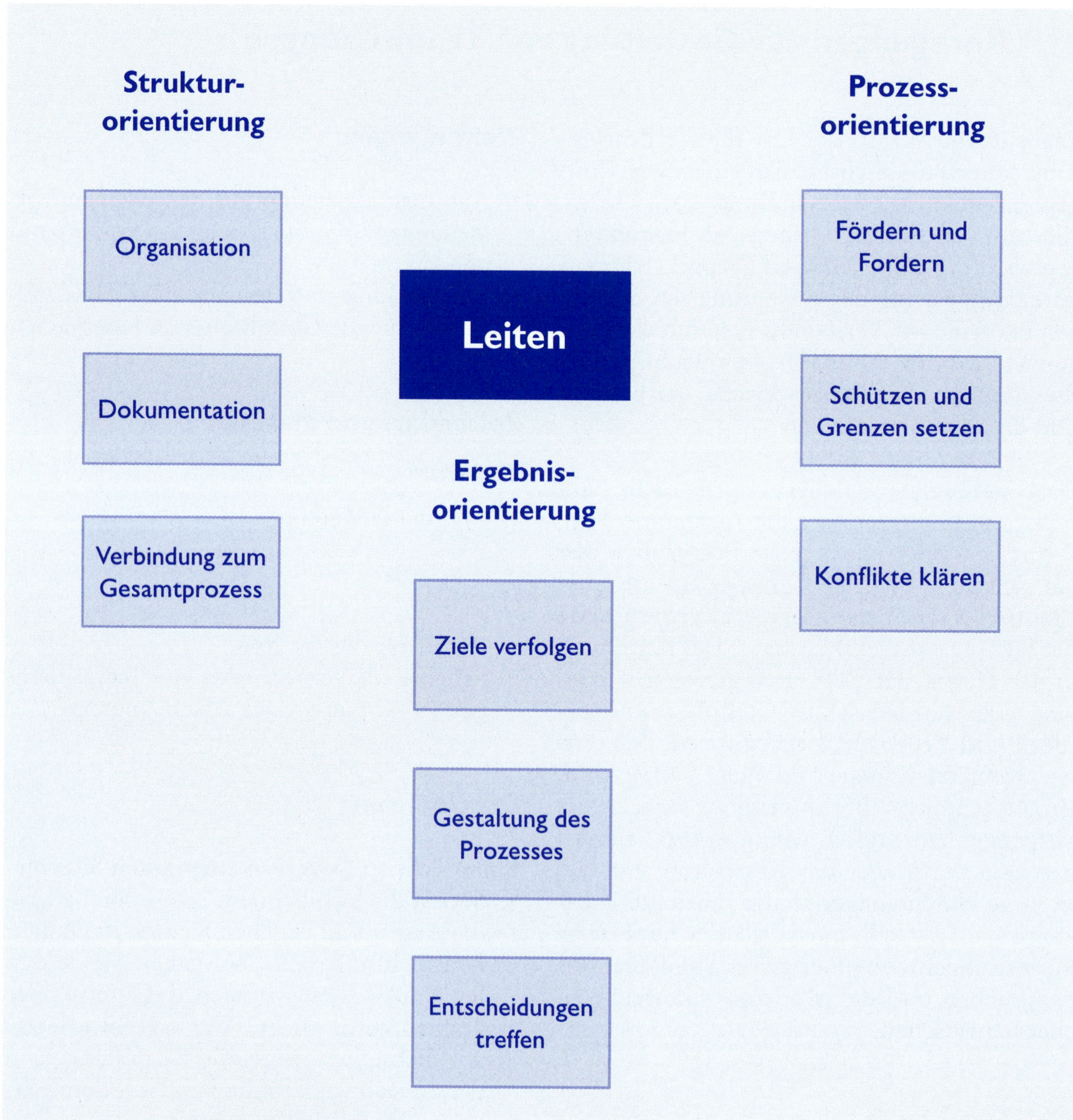

Abb. 29 Die zehn Bausteine der Moderation

Zehn Bausteine für eine gute Moderation

1. **Organisieren Sie die Sitzung**
   Ihre Aufgabe ist es, die Sitzung zu organisieren und vorzubereiten:
   Terminplanung, Einladung, Raumplanung, Ablaufplanung, Arbeitsmittel

2. **Leiten Sie die Sitzung**
   Entwickeln Sie einen Zeit- und Arbeitsplan.
   Strukturieren und leiten Sie den Prozess.
   Bündeln und sichern Sie die Arbeitsergebnisse.

3. **Achten Sie auf die Zielorientierung der Arbeit**
   Klären Sie das Ziel Ihres Zusammentreffens.
   Behalten Sie das Ziel während der Sitzung im Auge.

4. **Gestalten Sie den Arbeits- und Gruppenprozess**
   Schlagen Sie der Gruppe geeignete Methoden zur Bearbeitung des Themas bzw. der Problemstellung vor, z. B. Methoden der Entscheidungsfindung (→ Kap. 3.5), der Ideensammlung (→ Kap. 3.2), der kollegialen Beratung (→ Kap. 5.3) oder der Problemlösung (→ Kap. 5.10).

5. **Fördern und fordern Sie die Teilnehmerinnen**
   Ihr Job ist es, die Mitarbeiterinnen miteinander ins Gespräch zu bringen. Würdigen Sie die Mitarbeit und fördern und fordern Sie sie durch Wertschätzung.
   In einem positiven Klima können Ideen wachsen und Menschen aus sich herausgehen. Sorgen Sie für eine positive Atmosphäre, in der alle Teilnehmenden berücksichtigt werden, jeder zu Wort kommt und auch die Umgebung angenehm ist (Tische und Stühle für Erwachsene, Ungestörtheit, Getränke etc.)
   Alle Mitarbeiterinnen (gleichgültig aus welcher Hierarchieebene) sind gleichwertige Gruppenmitglieder.
   Je besser die Aktivierung sämtlicher Teilnehmerinnen und ihrer Fähigkeiten gelingt, umso besser wird das Ergebnis der Gruppenarbeit.

6. **Schützen Sie die Teilnehmerinnen und setzen Sie Grenzen**
   Ermutigen Sie Schweigerinnen und setzen Sie dominanten Gruppenmitgliedern Grenzen. Schützen Sie Einzelne vor Angriffen.
   Bemühen Sie sich um Neutralität, bewerten und kritisieren Sie nicht. Lassen Sie Fehler bei sich und bei den anderen zu.

7. **Sprechen Sie Konflikte an und klären Sie diese**
   Eine gute Gruppenzusammensetzung führt unterschiedlichste Fähigkeiten und Kenntnisse zusammen, das bringt auch Spannungen und Konflikte mit sich.
   Benennen Sie Konflikte und geben Sie Raum, diese zu klären.

8. **Sorgen Sie dafür, dass Entscheidungen getroffen werden**
   Wenn alle Argumente benannt sind, gilt es Entscheidungen zu treffen, um weiterzukommen. Stellen Sie klar, dass es nicht um eine Bewertung von Personen, sondern um sachorientierte Entscheidungen geht.
   Geben Sie der Gruppe Methoden zur Entscheidungsfindung an die Hand, z. B. Kartenabfrage (→ Kap. 3.6) und Ishikawa-Diagramm (→ Kap. 5.10).

9. **Organisieren Sie die Dokumentation**
   Lassen Sie die Arbeitsergebnisse in einem geeigneten Raster protokollieren. Ergebnisse, Arbeitsaufträge und Termine müssen darin enthalten sein.
   Sorgen Sie dafür, dass alle Gruppenmitglieder rechtzeitig vor dem nächsten Treffen in den Besitz dieser Aufzeichnungen kommen.

10. **Stellen Sie die Verbindung zum Gesamtprozess her**
    Weisen Sie auf Verbindungen zu anderen Sitzungen und ihren Ergebnissen hin. Im Prozess der internen Evaluation ist es besonders wichtig, diese Querverbindungen herzustellen, um das Ganze im Blick zu haben.
    Informieren Sie Fachberatung und Träger über die Ergebnisse der Arbeit.
    Holen Sie sich bei Problemen Unterstützung von außerhalb der Einrichtung.

- Erzählen Sie sich selbst die Geschichte von der Idee bis zur Umsetzung und den damit zusammenhängenden Veränderungen. Tun Sie dies so, als würden Sie jemandem von Ihrem Erfolg berichten. Erzählen Sie:
  - Was genau in der Sitzung erarbeitet wurde,
  - welche Regeln Sie beachtet haben,
  - welche Schritte aufeinander folgten,
  - was dazu beigetragen hat, dass die Sitzung gut lief,
  - wer beteiligt war,
  - welche Rahmenbedingungen vorhanden waren,
  - wie Sie sich vorbereitet haben und welche Personen Sie unterstützt haben.
- Halten Sie die Ergebnisse der Selbstbefragung (*Futur II Technik* → Kap. 4.7) fest. Sie sind eine gute Hilfe für Ihre Planungsüberlegungen.
- Setzen Sie sich mit dem Schema zur Vorbereitung von Teamsitzungen auseinander und entscheiden Sie, ob Sie es zur konkreten Vorbereitung nutzen möchten.

Vierter Schritt: Einbeziehung des Teams

- In vielen größeren Einrichtungen gibt es Dienstbesprechungen auf zwei Ebenen: der Einrichtungsebene (alle Mitarbeiterinnen nehmen teil) und auf Gruppenebene (Mitarbeiterinnen der Gruppe). Diese Struktur macht deutlich, dass die Beherrschung der Techniken zur Leitung von Sitzungen/Besprechungen nicht nur auf Leitungsebene angesiedelt werden kann. Es ist jedoch Ihre Aufgabe, Techniken zur Gestaltung von Sitzungen in das Team einzubringen und gemeinsam mit dem Team Vorstellungen über eine gelungene Teamsitzung zu entwickeln.
- Sie haben darüber hinaus großen Einfluss auf die Voraussetzungen, die zum Gelingen der Techniken notwendig sind, wie gegenseitige Akzeptanz, Wertschätzung und Beherrschung von Feedbackregeln. Deshalb sollten Sie sich überlegen, wie Sie Ihr Wissen und Können an die Mitarbeiterinnen weitergeben und gemeinsam mit ihnen eine gute Teamsitzungskultur entwickeln können.

Literatur

Schubert, A. & Hanselmann, P. G. & Fritz, A. (2000). Leitfaden für Qualitätsbeauftragte. QS Materialien zur Qualitätssicherung in der Kinder- und Jugendhilfe, Heft 28, hg. v. Bundesministerium für Familie, Senioren, Frauen und Jugend. Berlin. S. 32–34

Zum Schluss: Forscherin zu sein ist nicht immer leicht

Im Prozess der Selbstevaluation sind alle Mitarbeiterinnen vor besondere Herausforderungen gestellt. Evaluation beinhaltet die Klärung und Aushandlung von Zielvorstellungen für die einzelnen Arbeitsbereiche. Dass dieser Prozess auch von Spannungen im Team (oder zwischen Team und Leitung) begleitet wird, scheint fast unvermeidbar. Denn einen gemeinsamen (neuen) Standpunkt einzunehmen, bedeutet, den alten zu verlassen und das fällt häufig schwer. Veränderungen sind nicht leicht zu erreichen und bewirken häufig eine Verunsicherung: »Wie sehen die Kolleginnen meine Arbeit?«, »Sehe ich mich selbst anders als die Kolleginnen?«, »Ist das, was ich bisher für gute Arbeit hielt, jetzt nicht mehr akzeptiert?«. Deshalb ist es ratsam, in kleinen Schritten voranzugehen und sich an den Ressourcen der Mitarbeiterinnen und der Einrichtung zu orientieren. Dass Selbstevaluation nicht immer im gleichen Tempo vorangehen kann, hat sich in der Praxis gezeigt. Nach einer ersten Aufbruchstimmung können die Forscherinnen erlahmen und im Alltagsstress die Ziele der Evaluation aus den Augen verlieren. Das ist normal und sollte nicht zu großen Enttäuschungen und vor allem nicht zu gegenseitigen Beschuldigungen führen. Wichtig ist es, die eigenen Möglichkeiten im Blick zu haben und das Evaluationsvorhaben so zu beschränken, dass es mit dem zur Verfügung stehenden Zeitkontingent und den personellen Möglichkeiten übereinstimmt.

Viele Einrichtungen kommen ohne Unterstützung von außen in ihrem Evaluationsprozess voran. Es kann jedoch sein, dass diese Situation zu einer Überforderung führt. Falls Sie im Prozess über eine längere Zeitspanne hinweg auf der Stelle treten und sich in intensiven Auseinandersetzungen und Konflikten verfangen haben, kann es notwendig sein, eine Beraterin von außen einzubeziehen. Mit deren Hilfe wird es in der Regel bereits nach kurzer Zeit wieder gelingen, die Konflikte zu lösen und Einigkeit über das weitere Vorgehen zu erreichen.

Um klar zu sehen, genügt oft
ein Wechsel der Blickrichtung.

Antoine de Sant- Exupery

Anhang

Kopiervorlagen
Literatur
Abbildungsverzeichnis

Verzeichnis aller Kopiervorlagen

Kopiervorlage 1: Ziele entwickeln vom Leitziel aus (Kap. 1.6)

Leitziel:
Mittlerziel:
Handlungsziel:

Kopiervorlage 2: Ziele entwickeln vom Handlungsziel aus (Kap. 1.6)

Handlungsziel:
Mittlerziel:
Leitziel:

Kopiervorlage 3: Schema zur Entwicklung von Indikatoren (Kap. 1.7)

Ziel: Welche Veränderungen sollen sich bei der Zielgruppe einstellen?	**Indikatoren:** Woran werden wir merken, dass diese Veränderungen eingetreten sind?	**Maßnahmen/Aktivitäten/ Interventionen:** Wie, womit oder wodurch wollen wir dieses Ziel erreichen?
1.		
2.		
3.		

Kopiervorlage 4: »Pro und Kontra«-Analyse Hausaufgaben (Kap. 2.4)

Name: ______________________ Datum: ______________________

☺	☹
Was mir bei den Hausaufgaben hilft:	Was mich bei den Hausaufgaben stört:
______________________	______________________
______________________	______________________
______________________	______________________
______________________	______________________
______________________	______________________

Was ich ändern möchte:

Kopiervorlage 5: Die Wochenrückschau (Kap. 2.5)

Name: ______________________ Datum: ______________________

Diese Woche hatte ich mir vorgenommen ...

Ich habe Erfahrungen gemacht mit ...

Am
besten war ...

Ich hätte gerne ...

Ich brauche jetzt ...

Als nächstes werde ich ...

Kopiervorlage 6: Die Hausaufgaben der letzten Woche (Kap. 2.6)

Name:

Datum	Betreuerin	Zeit-aufwand	Aufgaben	Lehrerin	Gab es Schwierigkeiten?	Was wäre hilfreich?	Hast Du etwas gelernt?

Kopiervorlage 7: Fragebogen zur Raumgestaltung (Kap. 2.7)

Wo hältst Du Dich am liebsten auf?

Wo gehst Du hin, wenn Du Lust hast, Dich zu bewegen?

Gibt es einen Ort, wo Du allein sein kannst, wenn Du es möchtest?

In welchem Bereich oder Bereichen gibt es am meisten Streit?

Was glaubst Du, warum das so ist?

Was gefällt Dir an den Räumen?

Was gefällt Dir nicht?

Was sollte für Mädchen an den Räumen anders sein?

Was sollte für Jungen an den Räumen anders sein?

Kopiervorlage 8: Fragen zur Zusammenarbeit mit den Eltern (Perspektive der Erzieherin) (Kap. 3.9)

	Aussagen zur Zusammenarbeit	**trifft zu**	**trifft eher zu**	**trifft eher nicht zu**	**trifft nicht zu**
	Ich kann den Eltern mein Interesse an ihrem Kind gut spürbar machen.				
	Der Anfang in unserer Gruppe/Einrichtung war für die meisten Kinder angenehm.				
	Der Anfang in unserer Gruppe/Einrichtung war für die meisten Eltern angenehm.				
	Ich zeige den Eltern, dass ich mir Gedanken um die Entwicklung ihres Kindes mache.				
	Ich informiere die Eltern regelmäßig über Ereignisse in der Gruppe.				
	Ich stimme die Regeln zur Hausaufgabenbetreuung mit den Eltern ab.				
	Ich kann mit kritischen Äußerungen der Eltern angemessen umgehen.				
	Erfahrungen und Können der Eltern beziehe ich in das Leben in der Einrichtung ein.				

In der Zusammenarbeit mit den Eltern gefällt mir besonders:

Für die Zusammenarbeit würde ich mir noch wünschen:

Kopiervorlage 9: Fragen zur Zusammenarbeit mit den Erzieherinnen (Perspektive der Erzieherin) (Kap. 3.9)

	Aussagen zur Zusammenarbeit	trifft zu	trifft eher zu	trifft eher nicht zu	trifft nicht zu
	Die Mitarbeiterinnen vermitteln mir/uns ihr Interesse an meinem/unserem Kind.				
	Der Anfang in der Gruppe/Einrichtung war für mein/unser Kind angenehm.				
	Der Anfang in der Gruppe/Einrichtung war für mich/uns angenehm.				
	Die Mitarbeiterinnen machen sich Gedanken um die Entwicklung meines/unseres Kindes.				
	Ich/Wir werde/n regelmäßig über Ereignisse in der Gruppe informiert.				
	Die Regeln zur Hausaufgabenbetreuung wurden mit mir/uns abgestimmt.				
	Kritik an den Mitarbeiterinnen darf geäußert werden.				
	Meine/Unsere Erfahrungen werden in das Leben der Einrichtung einbezogen.				

In der Zusammenarbeit mit den Mitarbeiterinnen gefällt mir/uns besonders:

Für die Zusammenarbeit würde/n ich mir/wir uns noch wünschen:

Kopiervorlage 10: Schema zur Planung und Vorbereitung von Befragungen (Kap. 3.10)

Wozu brauchen wir die Ergebnisse?
Wer übernimmt die Auswertung welcher Fragen und bis wann?
Welche Arbeitsschritte sind notwendig?
Wie viel Zeit wird für die Auswertung benötigt?
Welche Ergebnisse werden an die Eltern rückgemeldet?
In welcher Form geschieht dies?

Kopiervorlage 11: Beobachtungsbogen (Kap. 4.1 und 4.2)

Uhrzeit	Wo ist das Kind?	Was tut das Kind?	Mit wem ist es zusammen?	Raum für weitere Notizen
12:00				
13:00				
14:00				
15:00				
16:00				
17:00				

Kopiervorlage 12: Auswertungsbogen Ichkompetenzen (Kap. 4.1)

Datum	Name der Erzieherin	
Name des Kindes		Alter
Ichkompetenzen		
Was haben Sie bei dem Kind beobachtet? *Bitte beschreiben Sie möglichst konkret mit Bezug auf beobachtete Situationen in Ihren eigenen Worten:*		

Kopiervorlage 13: Auswertungsbogen Sozialkompetenzen (Kap. 4.1)

Datum	Name der Erzieherin
Name des Kindes	Alter
Sozialkompetenzen	
Was haben Sie bei dem Kind beobachtet? *Bitte beschreiben Sie möglichst konkret mit Bezug auf beobachtete Situationen in Ihren eigenen Worten:*	

Kopiervorlage 14: Auswertungsbogen Sachkompetenzen (Kap. 4.1)

Datum	Name der Erzieherin	
Name des Kindes		Alter
Sachkompetenzen		
Was haben Sie bei dem Kind beobachtet? *Bitte beschreiben Sie möglichst konkret mit Bezug auf beobachtete Situationen in Ihren eigenen Worten:*		

Kopiervorlage 15: Auswertungsbogen Zielsetzung (Kap. 4.1 und 4.2)

Datum	Name der Erzieherin	
Name des Kindes		Alter
Zielsetzung		
Welche konkreten Ziele setzen Sie sich für die Förderung dieses Kindes?		
Welche konkreten Maßnahmen (Angebote, Unterstützungen, Kontakte mit Eltern, Kontakte mit der Schule, Kontakte mit anderen Einrichtungen) planen Sie mit Blick auf diese Ziele?		

Kopiervorlage 16: Auswertungsbogen Freizeitgestaltung (Kap. 4.2)

Gruppe/Stammgruppe	Wochentag/Datum
Name der Beobachterin	
Name des Kindes	Alter
Was habe ich bei dem Kind beobachtet?	
Die beiden folgenden Fragen können erst gegen Ende der Beobachtungsphase beantwortet werden:	
War es ein »normaler« Tag? Gab es Besonderheiten?	
Wie ließ sich die Beobachtung der Freizeitphase heute umsetzen? Gab es Schwierigkeiten oder Hindernisse?	

Kopiervorlage 17: Leitfaden für die Erstellung einer Lebensweltanalyse (Kap. 4.3)

Individuelle Lebenssituation

- Eltern des Kindes (Familienstand, Beruf ...)
- Geschwister (Name, Alter ...)
- Gesundheitszustand/Ernährung des Kindes
- Religion/kultureller Hintergrund

Wohnsituation

- Größe der Wohnung
- Anzahl der Zimmer
- Ausstattung
- Größe des Kinderzimmers
- Nutzung der gesamten Wohnung als Spielfläche?

Schule

- Gegebenheiten (Größe, Angebote, Klassengröße ...)
- Klassenlehrer/Fachlehrer

Stadtteil

- Art der Bebauung (Altbauten, Hochhäuser, Reihenhäuser ...)
- Wie wirken die Häuser? Was sagen sie über die Lebensweise ihrer Bewohner?
- Grünanlagen, Gärten ...
- Verkehrssituation (Durchgangsstraßen, verkehrsberuhigte Zonen ...)
- Wie stark ist der fließende Verkehr? Wo bestimmen parkende Autos die Straßen?
- Können sich Fußgänger gefahrlos bewegen? Besondere Gefahrenstellen?
- Öffentlicher Nahverkehr
- Läden/Dienstleistungsbetriebe/Ämter
- Fabriken/Werkstätten
- Schulen/Kindereinrichtungen/Jugendeinrichtungen
- Freizeiteinrichtungen für Kinder und Erwachsene
- Spielmöglichkeiten für Kinder. Wie werden sie genutzt?

Sozialstruktur des Stadtteils

- Bevölkerungszusammensetzung (Migranten, ältere/jüngere Bewohner ...)
- Nationalitäten
- Wo arbeiten die Bewohner? (Pendler, Arbeitslose ...)
- Berufsstand der Bewohner (Arbeiter, Angestellte, Beamte, Selbständige)
- Berufstätigkeit von Frauen
- Entstehungszeit und -geschichte des Stadtteils
- Auswirkungen historischer Ereignisse (Kriegszerstörungen, historische Stadtteilgrenzen ...)
- Vereine im Stadtteil
- Einfluss politischer oder sozialer Gruppen (Parteien, Kirchen, Bürgerinitiativen ...)
- Probleme/Auseinandersetzungen im Stadtteil (Asylbewerberheim, Spielplätze, Halfpipes ...)

Kopiervorlage 18: Persönlicher Entwicklungsplan (Kap. 4.4)

Standortbestimmung	Wo stehe ich?

Wo stehe ich derzeit in meiner professionellen Entwicklung?

Konnte ich meine Vorhaben verwirklichen? Habe ich die nötige Unterstützung erhalten?

Wie zufrieden bin ich mit meinem derzeitigen Entwicklungsstand?

Was fehlt mir? Was brauche ich noch?

Entwicklungsziele	Wo möchte ich hin?

Was sind meine Entwicklungsperspektiven?

Wohin möchte ich mit meiner Arbeit kommen? Was ist dazu erforderlich?
Wer kann mir dabei helfen?

Woran kann ich erkennen, dass ich das angestrebte Ziel erreicht habe?

Kopiervorlage 19: Schema Entwicklungsprofil (Kap. 4.6)

HANDLUNGSFELD (BEREICH)	sehr wenig entwickelt	wenig entwickelt	gut entwickelt	sehr gut entwickelt

Kopiervorlage 20: Arbeitsblatt für die kollegiale Beobachtung (Kap. 5.2)

Datum: ______________________________

Beobachterin: __________________________ bei: ______________________________

Handlungsfeld der Beobachtung: ____

Beobachtungskriterien:

Beobachtung	Kommentar

Kopiervorlage 21: Rollenklärungsbogen (Kap. 5.4)

Von: ______________________ An: ______________________

Diese Dinge machst Du gut. Behalte sie bei.
(Du hilfst mir damit, meine Aufgaben gut zu erfüllen.)

1.

2.

3.

4.

Diese Dinge sind nicht so gut. Versuche, sie einzuschränken.

1.

2.

3.

4.

Diese Dinge könntest du häufiger tun.

1.

2.

3.

4.

Kopiervorlage 22: Bewertung der Entwicklung (Kap. 5.8)

	Skala / Aspekte	1 Ungenügend	2	3	4	5	6 Sehr zufriedenstellend
Bewertung der Entwicklung im Bereich	Zielentwicklung						
	Planung						
	Umsetzung erste Schritte						
	Erste Ergebnisse						
	Prozesse im Team						
	Unterstützung durch die Leitung						
	Einbeziehung der Kinder						
	Erfolgserlebnisse						

nach ____________ Monaten:

Name: ____

Kopiervorlage 23: Ich als Führungsperson (Kap. 6.1)

Beziehungen	Arbeitsweise	Aussehen	
			Idealbild
			Anti-Bild
			Selbsteinschätzung

Kopiervorlage 24: Zeiterfassungsbogen (Kap. 6.3)

Woche: ______________ – ______________

Wochentag / Tätigkeit	Montag	Dienstag	Mittwoch	Donnerstag	Freitag	Gesamtzeit (Woche)
Gespräch mit den Eltern						
Arbeit in der Gruppe						
Verwaltung						
Gespräch mit Mitarbeiterinnen						
Leitungskonferenz						
Gespräch mit Lehrkräften/Schule						
Teamsitzung						
Vorbereitung von Gesprächen						
Nachbereitung von Gesprächen						
Andere Termine						
Interne Evaluation						
Sonstiges						
Gesamtzeit (Tag)						
Zeitfresser						

Kopiervorlage 25: Schema zur Vorbereitung von Teamsitzungen (Kap. 6.4)

Zeitphasen	Themen	Ziel	Methode	Arbeitsmittel	Beachten	Entscheidung	Verantwortung

Literatur

Literatur zum Kapitel 1: Ziele entwickeln und umsetzen

Beywl, W. & Schepp-Winter, E. (1999). Zielfindung und Zielklärung – ein Leitfaden. QS Materialien zur Qualitätssicherung in der Kinder- und Jugendhilfe, Heft 21, hg. v. Bundesministerium für Familie, Senioren, Frauen und Jugend. Bonn.

Literatur zum Kapitel 2: Perspektiven der Kinder zur Einrichtung und zum Umfeld

Fuhs, B. (2000). Qualitative Interviews mit Kindern. In: Heinzel, F. (Hg.). Methoden der Kindheitsforschung. Ein Überblick über Forschungszugänge zur kindlichen Perspektive. Weinheim/München.

Hanstein-Moldenhauer, K. & Sickinger, M. (1999). Fragebogen für die Arbeit mit Schulkindern. Unveröffentlichtes Arbeitsmaterial. Bremen.

Heinzel, F. (1997). Qualitative Interviews mit Kindern. In: B. Friebertshäuser & A. Prengel (Hg.). Handbuch Qualitative Forschungsmethoden in der Erziehungswissenschaft. Weinheim. S. 396–413.

Jugendamt Aue-Schwarzenberg (2000). »Mit Kindern Hort machen« – Erzieherinnen schreiben ihr Hort-Werkbuch (Modellprojekt des Sächsischen Landesjugendamtes). Aue-Schwarzenberg.

Lutz, M. & Behnken, I. & Zinnecker, J. (1997). Narrative Landkarten. In: B. Friebertshäuser & A. Prengel (Hg.). Handbuch Qualitative Forschungsmethoden in der Erziehungswissenschaft. Weinheim. S. 414–435.

Krones, G. (2002). »Lösungsfokussierte Therapie und Kinder«. Ein Workshop des Münchner Familienkollegs mit Insoo Kim Berg, BFTC Brief Family Therapy Center Milwaukee, USA 15.–16. März 2002. In: MFK – Info 01/2002.

Kuhn, P. (2003, Januar). Thematische Zeichnung und fokussiertes, episodisches Interview am Bild – Ein qualitatives Verfahren zur Annäherung an die Kindersicht auf Bewegung, Spiel und Sport in der Schule [50 Absätze]. Forum Qualitative Sozialforschung/ Forum: Qualitative Social Research [On-line Journal], 4. (1).Verfügbar über: http://www.qualitative- research.net/fqs-texte/1-03kuhn-d.htm [Zugriff: 12.07.04].

Projektgruppe Wanja (2000). Handbuch zum Wirksamkeitsdialog in der Offenen Kinder- und Jugendarbeit. Münster.

Röhner, Ch. (2000). Freie Texte als Selbstzeugnisse des Kinderlebens. In: Heinzel, F. (Hg.). Methoden der Kindheitsforschung. Ein Überblick über Forschungszugänge zur kindlichen Perspektive. Weinheim/München.

Scheffler, A. (2001). »Skalierungsfragen für Kinder«. Sächsisches Landesjugendamt. Chemnitz. Unveröffentlichtes Arbeitsmaterial.

Spiegel, H. (1997). Offene Arbeit mit Kindern – (k)ein Kinderspiel. Erklärungswissen und Hilfen zum methodischen Arbeiten. Münster.

Schratz, M. & Iby, M. & Radnitzky, E. (2000). Qualitätsentwicklung. Verfahren, Methoden, Instrumente. Weinheim/Basel.

TPS Theorie und Praxis der Sozialpädagogik – Evangelische Fachzeitung für die Arbeit mit Kindern Nr. 2/ 2001 »Kinder beteiligen«, S. 4–5.

Literatur zum Kapitel 3: Perspektive der Eltern zur Tageseinrichtung und zur Zusammenarbeit

Böttger, I. (2001). Berlin. Hg.: sowi-online e.V., Bielefeld. Verfügbar über: http://www.sowi-online.de/methoden/lexikon/bienenkorb-boettger.htm [Zugriff: 13.07.04].

Brauneck, P. & Urbanek, R. & Zimmermann, F. (2000). Methodensammlung, Anregungen und Beispiele für die Moderation. Landesinstitut für Schule und Weiterbildung, Soest (Hg.). (5. Aufl.). Soest. Methode 004.

Brühwiler, H. (1994). Methoden der ganzheitlichen Jugend- und Erwachsenenbildung. (2. Aufl.). Opladen.

Deuscher, U. (1996). Moderationsmethode und Zukunftswerkstatt. Grundlagen der Weiterbildung. Neuwied/Kriftel/Berlin.

Feichtenberger, C. & Wechdorn, S. (1997). Mind Mapping für Kinder. (2. aktualisierte Neuaufl.). Wien.

Hanstein-Moldenhauer, K. & Sickinger, M. (1999). Fragebogen zur Selbst- und Fremdeinschätzung in der Zusammenarbeit mit Eltern. Unveröffentlichtes Arbeitsmaterial. Bremen.

Hertlein, M. (2003). Mind Mapping – Die kreative Arbeitstechnik. (2. Aufl.). Reinbek bei Hamburg.

John, R. (1995). Ein Bild sagt mehr als tausend Worte. Symbole in der Supervisison und Beratungsarbeit. Hille.

König, J. (2000). Einführung in die Selbstevaluation. Ein Leitfaden zur Bewertung der Praxis Sozialer Arbeit. Freiburg im Breisgau.

Liebald, C. (1998). Leitfaden für Selbstevaluation und Qualitätssicherung. QS Materialien zur Qualitätssicherung in der Kinder- und Jugendhilfe, Heft 19, hg. v. Bundesministerium für Familie, Senioren, Frauen und Jugend. Bonn.

Lipp, U. & Will, H. (1999). Das große Workshop-Buch. Konzeption, Inszenierung und Moderation von Klausuren, Besprechungen und Seminaren. (3. unveränderte Aufl.). Weinheim/Basel.

Lotmar, P. & Tondeur, E. (1999). Führen in Sozialen Organisationen. (6. Aufl.). Bern.

Peterßen, W. H. (1999). Kleines Methoden-Lexikon. (1. Aufl.). München.

Schnell, R. & Hill, P. & Esser, E. (1988). Methoden der empirischen Sozialforschung. München/Wien.

Schulz v. Thun, F., (1998). Miteinander reden. Störungen und Klärungen. Reinbek bei Hamburg.

Literatur zum Kapitel 4: Perspektiven der Fachkraft zu den Kindern und zur eigenen Entwicklung

Praxishandbuch Sozial Management (2001). Bonn.
Militzer, R. & Demandewitz, H. & Solbach, R. (1999). Tausend Situationen und mehr. Hg. vom Sozialpädagogischen Institut NRW. Münster.
Schratz, M. & Iby, M. & Radnitzky, E. (2000). Qualitätsentwicklung. Verfahren, Methoden, Instrumente. Weinheim/Basel.
Stadtkinder. Mitteilungsblatt der Vereinigung Hamburger Kindertagesstätten e. V. (2000). Materialien zur Qualitätsentwicklung. Projekt: »Qualitätssicherung in Kitas der Vereinigung« (3).
Vogel, H.-Ch. (1997). Werkbuch für Organisationsberater. Texte und Übungen. Aachen.
Vopel, K. W. (1998). Materialien für Gruppenleiter. Teil 5. Teamentwicklung (Blatt 4). (3. Aufl.). Salzhausen.

Literatur zum Kapitel 5: Perspektive des Teams

Gellert, M. & Novak C. (2002). Praxisbuch für die Arbeit in und mit Teams. Meezen.
Hanstein-Jenni, R. (1997). Kollegiale Praxisverarbeitung. Logopädie, 2, 86–111.
Hendriksen, J. (2000). Intervision. Kollegiale Beratung in Sozialer Arbeit und Schule. Weinheim.
Horster, L. (1996). Wie Schulen sich entwickeln können. Der Beitrag der Organisationsentwicklung für schulinterne Projekte. (3. Aufl.). Bönen.
Königswieser, R. (1999). Systemische Intervention. Architekturen und Designs für Berater und Veränderungsmanager. Stuttgart.
Kühnert, S. (2001). Praxismaterial zum Ishikawadiagramm. Unveröffentlichtes Arbeitsmaterial. Lössnitz.
Langmaack, B. & Braune-Krickau M. (1989). Wie die Gruppe laufen lernt. Anregungen zum Planen und Leiten von Gruppen. Ein praktisches Lehrbuch. (3. überarb. u. erw. Aufl.). München.
Moldenhauer, K. & Sickinger, M. (1999). Schema zur Überprüfung von Entwicklungen. Unveröffentlichtes Arbeitsmaterial. Bremen.
Pesch, P. & Sommerfeld, V. (2000). Teamentwicklung. Wie Kindergärten TOP werden. Neuwied.
Schubert, A. & Hanselmann, P. G. & Fritz, A. (2000). Leitfaden für Qualitätsbeauftragte. QS Materialien zur Qualitätssicherung in der Kinder- und Jugendhilfe, Heft 28, hg. v. Bundesministerium für Familie, Senioren, Frauen und Jugend. Berlin.
Simon, F. B. (2000). Zirkuläres Fragen. Systemische Therapie in Fallbeispielen. Heidelberg.

Literatur zum Kapitel 6: Perspektive der Leitung

Huonker-Wagner, A. (2000). Profil. Frauen in Leitungsfunktionen – Trainingsleitfaden. QS Materialien zur Qualitätssicherung in der Kinder- und Jugendhilfe, Heft 31, hg. v. Bundesministerium für Familie, Senioren, Frauen und Jugend. Berlin.
König, J. (2000). Einführung in die Selbstevaluation. Freiburg.
Lahninger, P. (1999). Leiten, präsentieren, moderieren: lebendig und kreativ. Arbeits- und Methodenbuch für Teamentwicklung und qualifizierte Aus- und Weiterbildung. (2. Aufl.). Münster.
Lotmar, P. & Tondeur, E. (1999). Führen in Sozialen Organisationen. (6. Aufl.). Bern.
Schubert, A. & Hanselmann, P. G. & Fritz, A. (2000). Leitfaden für Qualitätsbeauftragte. QS Materialien zur Qualitätssicherung in der Kinder- und Jugendhilfe, Heft 28, hg. v. Bundesministerium für Familie, Senioren, Frauen und Jugend. Berlin.

Abbildungsverzeichnis